LE
VAL-DE-GRACE

HISTOIRE

DU

MONASTÈRE ET DE L'HOPITAL MILITAIRE

PAR

LE Dʳ SERVIER

MÉDECIN PRINCIPAL DE Iʳᵉ CLASSE
PROFESSEUR A L'ECOLE DU VAL-DE-GRACE
MÉDECIN CHEF DE L'HOPITAL, EN RETRAITE.

PARIS
G. MASSON, ÉDITEUR
LIBRAIRE DE L'ACADÉMIE DE MÉDECINE
12o, boulevard Saint-Germain, 12o

1888

LE

VAL-DE-GRACE

DU MÊME AUTEUR

~~~~~~~~~

Étude sur l'esprit, l'intelligence et le génie. Lettres à
Madame de P.... Paris 1880. 1 vol. grand in-18... **2 50**

~~~~~~~~~

LE

VAL-DE-GRACE

HISTOIRE

DU

MONASTÈRE ET DE L'HOPITAL MILITAIRE

PAR

Le Dr SERVIER

MÉDECIN PRINCIPAL DE 1re CLASSE
PROFESSEUR A L'ECOLE DU VAL-DE-GRACE
MÉDECIN CHEF DE L'HOPITAL, EN RETRAITE.

PARIS

G. MASSON, ÉDITEUR

LIBRAIRE DE L'ACADÉMIE DE MÉDECINE

120, boulevard Saint-Germain, 120

1888

HISTOIRE

DU

MONASTÈRE DU VAL-DE-GRACE

Sur l'emplacement qu'occupe aujourd'hui l'hôpital militaire du Val-de-Grâce on voyait, vers la fin du treizième siècle, une sorte de châtellenie, maison de plaisance et de rapport, appartenant à Charles de Valois, troisième fils de Philippe le Hardi. On l'appelait alors le fief de Valois, plus tard on l'appela aussi hôtel du petit Bourbon, noms conservés jusqu'au jour où l'habitation seigneuriale est devenue le monastère des dames bénédictines de Notre-Dame du Val-de-Grâce.

De qui le prince Charles avait-il hérité, de qui tenait-il ce très important fief? Nous ne le savons pas. Les renseignements historiques remontent jusqu'à Charles de Valois, mais s'arrêtent à lui. De ce qui se passait en ces lieux, de ce qui existait avant lui nous ne savons rien. C'est donc pour nous à Charles de Valois que commence l'histoire du Val-de-Grâce.

De la maison de ce prince le fief de Valois passa

SERVIER   I

dans la maison de Bourbon. Nous ignorons également à quelle époque précise la transmission s'opéra. Ce qui est certain, c'est que Louis II, duc de Bour bonnais, comte de Clermont, en était en 1398 le possesseur en titre. Nous en avons pour preuve son testament, daté de cette année 1398, par lequel il fonda aux Jacobins, où quelques-uns de ses ancêtres étaient enterrés, cinq services solennels par an, et tous les jours une messe pour le remède de leurs âmes. Le legs destiné à subvenir aux frais de ces services religieux fut de 600 francs d'or, avec quatre queues de vin et deux muids de froment, payés et fournis chaque année par le concierge et le fermier de sa maison, l'ancien fief de Valois. Il est dit que ce fief contenait alors un grand clos de vignes et plusieurs arpents de fortes terres labourables.

En 1500, Pierre II, duc de Bourbonnais, aliéna ce domaine pour un certain temps, le donnant à Imbert de la Plastrière, doyen de Nevers, conseiller au Parlement, sa vie durant, à la charge de payer aux Jacobins les mêmes redevances. Puis le fameux connétable de Bourbon en devint propriétaire, car le fief faisait partie des biens considérables que lui apportait en dot la fille de ce Pierre II, sa cousine Suzanne, qu'il épousa en 1505.

Dix-huit ans après, en 1523, le connétable de Bourbon, exaspéré par les humiliations dont on l'avait abreuvé, passa à l'ennemi. Les biens du traître furent confisqués, et, chose humiliante pour la dignité humaine, ils vinrent enrichir celle même qui avait été la cause de la défection du connétable, l'artisan de ses mauvaises œuvres, la reine mère Louise de Savoie. Elle eut le triste courage de demander à son fils François Ier les dépouilles du banni, et le roi les lui abandonna.

C'est vraiment un spectacle lugubre que celui de cette reine de quarante-cinq ans, férue d'une passion sans pitié pour un jeune et brillant capitaine qu'elle poursuit de son amour enragé, puis, dédaignée, d'amoureuse éhontée devenant furie acharnée et vengeresse. Quand elle a réussi à lui faire perdre l'intelligence et le sentiment de l'honneur, que le persécuteur est devenu un traître, elle se fait donner la fortune de sa victime. Tout n'était pas perdu pour elle : où l'amour n'avait rien obtenu, l'avarice trouva son compte.

La reine Louise ne conserva pas bien longtemps son fief du petit Bourbon, comme on l'appelait alors. En 1528 elle le donna à son médecin, Jean Chapelain. Quel put être le motif de cet acte de générosité? Ce bien, vilainement acquis, lui brûlait-il les mains? On peut en douter, car les mains des avares sont durement cornées. Je ne voudrais pas faire d'injurieuses suppositions sur le caractère de ce confrère des temps reculés, et pourtant, malgré moi, je crains fort qu'il n'ait pas eu la puissance de résistance du connétable de Bourbon. Sa royale cliente était une sordide avare, l'histoire le raconte, pour devenir ainsi prodigue envers cet homme ne fut-elle poussée que par la simple reconnaissance? Et encore reconnaissance à un médecin! La chose n'est pas commune.

Le sieur Chapelain se conduisit en bon père de famille, il conserva sagement ce bien tombé de la couronne, et le transmit intact à ses enfants. Ceux-ci le gardèrent pendant un siècle environ. Sans doute, ils tiraient de leurs terres un honnête revenu, mais ils cherchaient aussi des profits dans la location de leur immeuble, comme on dirait aujourd'hui. Ainsi, en 1611, ils louèrent la maison à M. de Berulle qui y rassembla les premiers prêtres de l'Oratoire ; ceux-ci l'occupèrent jusqu'en 1616, et l'ont quittée pour aller s'établir à l'hôtel du Bouchage, rue Saint-Honoré.

Au départ de ces prêtres, l'héritage paternel ne devait plus rester que pendant peu d'années aux mains des descendants de Chapelain ; il devait aussi perdre son double nom de fief de Valois et de petit Bourbon, pour le changer contre celui de Val-de-Grâce qu'il a gardé jusqu'à nos jours. Il fut vendu, le 9 mai 1621, au prix de trente-six mille livres. Voici dans quelles circonstances.

La reine Anne d'Autriche, on le sait, n'était certes pas heureuse avec son singulier mari. A peine âgée de dix-huit ans, plus délaissée qu'une veuve, il lui fallait chercher des consolations, des distractions aussi, en dehors de ses lugubres appartements. Espagnole, âme religieuse, esprit dévot, mais intelligence peu cultivée et médiocrement curieuse, elle demanda aux pratiques pieuses un soulagement à sa peine. Les affligés trouvent une douceur reposante dans le recueillement des églises. Les admirables cérémonies de notre culte catholique sont une joie pour les vrais croyants, et un charme pour les simples rêveurs, les amoureux de l'antiquité païenne.

Or, le 21 mai de l'année 1619, une abbesse devait être bénite dans l'église des Carmélites du faubourg Saint-Jacques; c'était la mère Marguerite de Véni d'Arbouze de Sainte-Gertrude. Le spectacle d'une pareille bénédiction était un de ceux auxquels la jeune reine ne pouvait manquer d'assister. La nouvelle abbesse se montra si touchante, si noble, si digne, si convaincue, si attendrie, que la reine fut absolument séduite. Aussi, après la cérémonie, elle la fit monter dans son carrosse voulant la reconduire elle-même à son vieux monastère. La mère Marguerite d'Arbouze avait pris le cœur d'Anne d'Autriche.

Ce monastère, situé à Bièvre-le-Châtel, environ a trois lieues de Paris, était connu sous le nom de maison du Val-Profond de l'ordre de Saint-Benoit. C'était une abbaye très ancienne; on ignore la date de sa fondation. Lemaire la fixe dans le IXe siècle, mais un peu arbitrairement, car les monuments qui en font mention ne remontent qu'au commencement du XIIe siècle. Toutefois, la tradition des religieuses confirmait l'opinion de Lemaire, car dans les lettres d'amortissement accordées par Henri II, au mois de juillet 1549, ces dames avancent que leur maison est fondée depuis plus de cinq cents ans. La reine Anne de Bretagne, femme de Charles VIII d'abord, puis de Louis XII, prit cette abbaye sous sa protection, et, en même temps qu'elle lui unissait la congrégation de Chazel-Benoist, elle changea son nom contre celui de Val-de-Grâce de Notre-Dame de la Crèche.

D'autres disent que ce fut l'évêque Étienne Poucher qui lui donna ce nouveau nom, comme souvenir de la grâce toute particulière qu'il avait faite à l'abbaye en y apportant une réforme que certains dérèglements avaient rendue nécessaire.

Il est dans l'ordre des choses de ce monde que le fonctionnement de toutes les organisations, si solides qu'elles paraissent, soit troublé par intervalles sous des influences étrangères. Les couvents eux-mêmes n'échappent pas à cette loi fatale. Les chroniques nous apprennent que plus d'une fois le désordre a largement régné dans l'abbaye du Val-Profond. En 1513 les religieuses se trouvèrent réduites seulement à quatre, « dans un désordre qui ne peut s'exprimer. » Ce fut alors qu'Étienne Poucher, ramenant les égarées, apporta à la communauté dissipée le puissant secours de son zèle ardent et de son énergique volonté. Il réussit à faire rentrer les religieuses dans le sentier du devoir, et à les soumettre à l'observance des règles de leur ordre.

Cependant, assez longtemps après, la sainte maison s'abandonna de nouveau à un facile relâchement. La mère Marguerite de Véni d'Arbouze, pourvue de cette abbaye en 1618 par le roi Louis XIII, entreprit d'y rétablir l'ordre ; elle amena avec elle deux religieuses de Montmartre, et les efforts convaincus de ces trois dignes personnes furent couronnés d'un plein succès.

Voilà, en quelques mots, l'histoire de la maison dans laquelle Anne d'Autriche venait de reconduire sa nouvelle amie. Mais si les choses s'y présentaient en parfait état au spirituel, il n'en était pas de même au temporel. Les murailles du couvent tombaient doucement en ruines, les bâtiments réclamaient des réparations bien justifiées. Ce monastère, qui avait pû renfermer plus de cent cinquante religieuses, offrait à la vue un aspect misérable. Un furieux débordement de la Bièvre avait renversé les murs de clôture sur une longue étendue. Il était temps d'aviser.

Après sages conseils et mûres délibérations, il fut décidé que le monastère, abandonnant la campagne, serait transféré dans un faubourg de Paris. Restait à faire le choix d'une habitation convenable. Le fief de Valois ou petit Bourbon parut présenter les meilleures conditions désirées, et l'abbaye résolut d'en faire l'acquisition. Je ne sais pas si la question d'argent fut sérieusement agitée, en tout cas la reine Anne d'Autriche la trancha libéralement. Le 7 mai 1621, elle acheta aux descendants de Chapelain, au prix de trente-six mille livres le fief de Valois avec ses dépendances, et le céda aux bonnes sœurs en se portant comme fondatrice du monastère. Le roi Louis XIII, ne voulant pas demeurer en reste, fit don des droits seigneuriaux.

Ça a toujours été un goût particulier chez les reines de se faire bienfaitrices et fondatrices de monastères. Anne d'Autriche imitait sa belle-mère, Marie de Médicis, laquelle s'était dite aussi fondatrice de l'abbaye de Port-Royal de Paris, lorsque les religieuses quittèrent leur maison des champs, de la vallée de Chevreuse, pour venir s'établir dans le faubourg Saint-Jacques. Il est vrai que Marie de Médicis ne put offrir à Port-Royal que sa puissante protection, tandis qu'Anne d'Autriche apporta des espèces sonnantes.

On s'empressa de mettre la maison en état de recevoir les saintes filles qui devaient bientôt l'habiter. Le 21 septembre de la même année tout était prêt, et la translation de la communauté d'une maison à l'autre put s'exécuter ce jour-là. L'abbé Denis le Blanc, vicaire général de Paris, fit en grandes cérémonies la bénediction du nouveau monastère, sous le titre que portait déjà l'ancien, d'abbaye du Val-de-Grâce de Notre-Dame de la Crèche.

Deux ans après, le 27 mars 1623, une bulle, un bref du pape Paul IV, établit la mère Marguerite d'Arbouze supérieure de ce monastère du Val-de-Grâce. C'était, en même temps que la consécration de ce nouvel ordre de choses, une politesse du pape à la reine Anne d'Autriche.

Sans doute les religieuses jouirent d'abord des avantages de leur nouvelle installation dont, comme tout récent propriétaire, elles ne voulaient pas voir les défauts. Cependant elles durent reconnaître, à l'usage, que ces maisons construites pour les seigneurs châtelains, leur famille et leur suite, ne présentaient pas les commodités nécessaires à une communauté de femmes. Elles eurent encore recours à leur protectrice, très désireuse de compléter son œuvre, et, à côté de leur demeure, comme suite aux bâtiments déjà existants, elles commencèrent à faire construire un monastère régulier, la reine s'étant engagée à

payer de ses propres deniers la moitié des dépenses.
La première pierre du nouveau cloître fut posée, par
Anne d'Autriche elle-même, le 3 juillet 1624.

Alors s'écoule une période de vingt ans environ pendant laquelle on ne fit pas grand bruit autour du Val-
de-Grâce. Il se passa quelques affaires d'intérieur
qui n'ont pas pour nous un très grand intérêt. Sur la
demande de l'abbesse elle-même, Mme Véni d'Arbouze,
le roi décréta, par lettres du mois de mars 1621, que
les abbesses ne seraient plus nommées par lui, mais
élues par les religieuses *tant qu'elles vivraient dans
l'observance des règles de leur ordre*. Le grand
conseil, en vérifiant ces lettres du roi, ordonna, par
arrêt du 21 février 1622, que l'élection se ferait de
trois ans en trois ans, et que l'abbesse élue prendrait
ses lettres de confirmation du roi. Cette dernière
clause fut abrogée par de nouvelles lettres patentes
du roi, données au mois de mars 1622, et enregistrées
au grand conseil, le 6 juin de la même année.

La nomination des abbesses par les religieuses
elles-mêmes était chose fort importante, les sœurs
restant ainsi maîtresses de conserver les façons d'agir
et de penser, les coutumes traditionnelles de leur
ordre, en appelant une d'entre elles, imbue de leur
esprit, à la direction de l'abbaye; tandis qu'une étran-
gère imposée, ignorante des errements de la maison,
pouvait tout bouleverser par l'application d'idées
nouvelles, quelquefois subversives.

Il se passa plusieurs années sans que la mère Marguerite d'Arbouze pût faire élire une autre abbesse à
sa place. Enfin, le 7 janvier 1626, après sept ans de

gouvernement, elle fut remplacée par Mme Louise de
Milley, ou de Milli, nommée tout d'une voix par la
communauté. Sept mois plus tard, le 16 août 1626,
la mère Véni d'Arbouze mourait à Sery, près de
Dun-le-Roy, aujourd'hui Dun-sur-Auron, à une petite
distance de Bourges, où elle était allée, dans son
zèle infatigable, pour réformer quelques monastères.
Ses dépouilles mortelles, rapportées à Paris, furent
placées dans un caveau, sous le chœur des religieuses,
puis, quand l'église fut construite, on les transféra
dans une des chapelles de ce beau monument.

En 1640, les religieuses vendirent leur ancien monastère du Val-Profond à Paul Payen, trésorier de
France dans la généralité d'Orléans.

Cependant deux grands événements s'étaient pas-
sés en France; leur influence, qui s'exerça sur la
nation entière, se fit sentir aussi sur les destinées
plus modestes de l'abbaye du Val - de - Grâce.
Louis XIV était né le 5 septembre 1638, et Louis XIII
était mort le 14 mai 1643. La reine mère devenait
régente et aussi, détail intéressant, maîtresse des
finances du royaume.

Elle résolut alors de mettre à exécution le vaste
projet caressé depuis longtemps dans son esprit
dévot, de construire un superbe monastère pour les religieuses du Val-de-Grâce, et d'élever à Dieu un temple
magnifique, en reconnaissance de la naissance du
fils qu'elle avait eu après vingt-deux ans de stérilité.

Le célèbre Mansard, architecte de la couronne, fut
chargé d'établir et de dresser les plans et les dessins
de l'église et du monastère.

Le 21 février 1645 les chantiers pour la construction de l'église furent ouverts, et on commença les
fouilles dans les terrains destinés à recevoir les fondations. Dès ce début, Mansard rencontra les plus
difficiles conditions. Là se trouvent, en effet, les catacombes, qui se composent en ce point de trois étages
de carrières superposées. Un plan de ces carrières,
que possède la bibliothèque nationale, peut-être postérieur à Mansard, peut-être tracé par lui-même,
montre bien les extraordinaires difficultés que les
architectes eurent à surmonter. Il fallut creuser des
puits assez profonds pour atteindre la roche solide,
établir de puissants morceaux de maçonnerie pour
soutenir les bas-fonds.

Cependant les fondations furent fixées et le
1er avril 1645 le jeune roi, âgé de sept ans, conduit
par sa mère vint, en grande pompe, poser la première pierre de l'église. La cérémonie se fit avec un
très brillant apparat, un luxe merveilleux de cortège,
de costumes, d'ornements. On en trouve la complète
description dans les écrits du temps. La chose n'a
pour nous qu'un médiocre intérêt.

Une médaille d'or de neuf centimètres et demi de
diamètre, du poids d'un marc trois onces, frappée à
cette occasion, fut placée et scellée dans la première
pierre. On peut en voir un exemplaire en or aux
cabinets des médailles de la Bibliothèque nationale,
et un autre, en fonte de cuivre, à la Monnaie. Elle
représente la reine Anne d'Autriche tenant le jeune
roi dans ses bras, et, sur le revers, la façade de
l'église du Val-de-Grâce. Cette inscription court sur

les bords de la médaille : Anna D. G. FR. NAV.
REG. RER. MATER LVD. XIV. D. G. FR. ET.
NAV. REG, CHR. Anne, par la grâce de Dieu,
reine régente de France et de Navarre, mère de
Louis XIV, par la grâce de Dieu, roi très chrétien
de France et de Navarre. Au revers, on peut lire :
OB. GRATIAM. DIV. DESIDERATI.. REGII.
ET. SECVNDI. PARTVS. 15 sept. 1638. Pour la
naissance du roi longtemps désiré et de son frère ; ou
bien, car ce latin prête à l'ambiguité : pour la naissance du roi et l'heureux accouchement de la reine.
Vu la date, antérieure à la venue au monde du duc
d'Orléans, j'estime que la dernière version est préfé-
,rable.

Les travaux avançaient, et les murs de l'église
s'élevaient déjà à neuf pieds au-dessus du sol, lorsque
la direction des travaux fut retirée à Mansard. Que
s'était-il passé ? On ne le sait pas très bien. La tradition nous représente Mansard comme manquant de
toute souplesse de caractère. Il est probable qu'il se
montra raide et absolu dans ses idées, qu'il ne voulut
rien entendre aux observations qu'on lui présentait,
qu'il ne voulut consentir à aucune des concessions
qu'on lui demandait. On raconte, en effet, que la
reine trouva extrêmement élevé le chiffre des dépenses
déjà faites, qu'elle s'en plaignit un peu à Mansard,
l'engageant à apporter telles modifications qui per-
mettraient de continuer les choses avec une certaine
économie. A quoi l'architecte aurait répondu qu'il ne
voulait rien changer à ses plans, qu'il n'entendait pas
qu'on entravât, en quoi que ce fût, sa liberté d'action, et

que s'il faisait des modifications, ce serait dans le cas
où une conception nouvelle lui paraîtrait supérieure à
celle qui l'avait guidé d'abord, et qu'alors il ne se
gênerait nullement pour renverser ce qui serait déjà
élevé, et tout reconstruire sur un nouveau plan. C'était
à prendre ou à laisser. On le laissa.

Mansard, ainsi éconduit, se vengea de la plus ingé-
nieuse façon, en véritable artiste. Il décida Henri du
Plessis de Guénegaud, secrétaire d'État, à se faire
construire une chapelle particulière dans son château
de Frène, à sept lieues de Paris, et là, il reproduisit
en petites proportions l'église du Val-de-Grâce telle
qu'elle devait être d'après ses plans. Les meilleurs
connaisseurs disaient alors que cette église en minia-
ture était le plus joli morceau d'architecture du
royaume.

Saint-Victor, dans son tableau historique et pittoresque de Paris, contredit ce jugement. Il trouve que
ce monument, dont la partie la plus remarquable est
un dôme sur pendentifs, n'offre rien d'extraordinaire
que la singularité de son exécution sur une si petite
échelle; il n'a que dix-huit pieds de diamètre.

Cette chapelle n'existe plus. Elle devint la pro-
propriété du marquis d'Aguesseau, et resta dans sa
famille jusqu'en 1826; puis elle passa par héritage à
la comtesse de Ségur, et celle-ci la vendit à une société
de spéculateurs, la bande noire, qui la fit démolir pour
utiliser les matériaux.

Mansard, après sa retraite forcée, fut remplacé
par Jacques Le Mercier, architecte de grand mérite, qui eut la sagesse et la modestie de ne

rien bouleverser , et de continuer les travaux
en suivant les dessins de son prédécesseur. Cependant Le Mercier, et son inspiration fut heureuse,
ajouta aux plans primitifs cette élégante et harmo-
nieuse chapelle qui fait suite au chœur de l'église,
dite chapelle du Saint-Sacrement. Il éleva la construction jusqu'à la hauteur de la corniche de la nef.
Mais alors, en 1651, les travaux durent être forcément
arrêtés, à cause des troubles du royaume.

Trois années se passèrent pendant lesquelles les
chantiers demeurèrent déserts. La guerre civile pro-
duisait ses effets. Mais en 1654, le calme paraissant
suffisamment rétabli, on put se remettre à l'œuvre.
Le Muet fut chargé de reprendre et continuer les
ouvrages commencés. L'architecte Le Mercier était
mort dans les premiers mois de cette année 1654. Le
Muet se trouvait très au fait, au courant de toutes les
choses de la construction de cette église, car il y avait
travaillé sous la direction de Mansard et de Le Mercier.
Je ne sais pour quelles raisons, car il ne passe pas
pour avoir été infime dans son art, ayant donné les
plans des châteaux de Luynes, de Laigle, de Beauvilliers, aussi de l'église des Petits-Pères, ayant écrit
trois ouvrages sur, l'architecture, je ne sais pour
quelles raisons, dis-je, il fut trouvé insuffisant, paraît-
il. Ce qui est sûr, c'est qu'un homme du métier, qui
arrivait de Rome avec une grande réputation de
connaissances et d'habileté, Gabriel Leduc, fut désigné
bientôt comme premier architecte du monument en
construction. Il eut soin de conserver la précieuse
collaboration pratique de Le Muet.

C'est donc Gabriel Le Duc qui a achevé la belle
église du Val-de-Grâce, église qui, d'après Ruprich-
Robert, est la plus remarquable des productions de
son époque. L'honneur de l'avoir élevé doit revenir
à Mansard, car, à part quelques modifications de
détail, ses successeurs ont continué fidèlement son
œuvre, ont suivi les indications de ses plans et de ses
dessins, ont respecté toutes les dispositions générales
qu'il avait fixées d'avance.

Ruprich-Robert fait une remarque très intéressante, c'est qu'il ressort de l'examen des pierres du
monument, qu'elles ont été taillées, terminées, avant
d'être posées. Ce fait est facilement appréciable,
paraît-il, pour un observateur technique. Si les
pierres étaient ainsi préparées ça ne pouvait être que
d'après un plan arrêté, et elles n'auraient pas pu
convenir à une construction conduite d'après un
autre modèle.

Mansard avait fait ensemble le plan de l'église et
du monastère. L'élévation de ce dernier monument
ne fut pas commencée en même temps que celle de
l'autre, mais seulement dix ans après. Le jeune roi
Louis XIV avait posé la première pierre de l'église,
son jeune frère, le duc d'Orléans, posa la première
pierre du monastère, le 27 avril 1655. La construction
du monastère se poursuivit régulièrement, et ne
donna lieu à aucun incident. Elle fut achevée, disent
les auteurs, en 1662, et celle de l'église en 1665.

Nous devons indiquer ces dates ainsi fixées par
les divers historiens de la ville de Paris, les accepter
comme relativement justes, mais il est sûr qu'elles

ne sont pas absolument exactes. La preuve en est dans les dernières recommandations de la reine Anne d'Autriche, à son lit de mort, et dans certaines clauses de son testament. Se croyant sur le point de mourir, elle pria instamment son fils Louis XIV de faire achever le Val-de-Grâce. Son testament porte l'indication de deux sommes, de deux cent mille francs chacune, pour l'achèvement du Val-de-Grâce. Or, elle mourut le 20 janvier 1866. Il est probable que les dates citées sont celles de la terminaison du gros œuvre. Et puis, que ces bâtiments fussent complètement construits en 1665, ou un an ou deux plus tard, il ne nous importe vraiment pas beaucoup.

Les religieuses, on le comprend, devaient être envieuses de profiter le plus tôt possible des avantages de la nouvelle installation. Quelques parties de l'église furent ouvertes au culte avant que celle-ci pût l'être dans sa totalité. Le 29 janvier 1662, J.-B. Conti, doyen de Paris, bénit le chœur des religieuses, l'avant-chœur et la tribune qui est au-dessus; ces dames purent y dire matines tous les jours.

Plus tard, le 21 mars 1665, eut lieu une imposante cérémonie pour la première messe dite dans l'église du Val-de-Grâce, non pas au maître-autel, qui n'était pas encore élevé, mais dans une chapelle latérale. Un autel fut dressé dans la chapelle Sainte-Anne, on y porta le tabernacle et les ornements du chœur des religieuses; de larges et belles tentures furent suspendues, étalées tout autour. L'abbé Jean Gosselin, confesseur des nonnes, bénit la chapelle. La première messe, à laquelle assistait la reine Anne d'Autriche, déjà bien malade, fut célébré par Hardouin de Pèrefix de Beaumont, archevêque de Paris. Le lendemain, une deuxième messe fut dite par François Faure, évêque d'Amiens. La reine y assista également. Depuis, les services religieux continuèrent régulièrement. Cependant l'église n'était pas consacrée, ce qui prouve bien qu'il manquait encore quelque chose à son complet achèvement. Elle n'a été consacrée que longtemps après, en 1710, ainsi que l'indique une inscription que l'on voit dans la profonde embrasure de la fenêtre qui s'ouvre au-dessus de la porte de la sacristie. Cette église a été consacrée par Mgr François-René de Bauvau, évêque de Tournay, le 29 septembre 1710.

L'église du Val-de-Grâce est un admirable monument que l'on apprécie mieux à mesure qu'on le regarde davantage, dans lequel à chaque nouvelle visite on découvre des beautés nouvelles. Nous avons vu que plusieurs architectes se sont employés à sa construction : François Mansard, Le Mercier, Le Muet, Gabriel Le Duc. Le nom de Val Broutil est indiqué aussi par Jaillot et par Ruprich-Robert, mais comme celui d'un conducteur de travaux plutôt que d'un architecte, n'ayant fait qu'un court passage dans les chantiers.

Les sculpteurs de notre église sont François et Michel Anguier, Philippe Buyster, Thomas Regnauldin, Pierre Sarrazin ; et les peintres, Pierre Mignard, Philippe et Jean-Baptiste de Champagne.

Sur la corniche de la façade on lit cette inscription, composée par Quinet, intendant des inscriptions des

édifices royaux : JESU NASCENTI VIRGINIQUE MATRI.
Les puristes la déclarent irrégulière, car un temple
catholique doit être dédié à Dieu seul. En tant que
puristes ils ont raison. C'est une faute ecclésiastique
d'avoir dédié l'église à Jésus naissant, *et à la Vierge
sa mère;* il fallait mettre : à Jésus naissant, *sous
l'invocation* de la Vierge sa mère.

Autrefois, la façade était ornée de six statues :
deux dans les niches inférieures, deux dans les
niches supérieures , et deux en plein air aux
extrémités de la corniche. Aujourd'hui on ne
trouve plus que les deux statues des niches d'en bas,
de saint Benoît et de sainte Scholastique. Elles sont
modernes, remplaçant deux statues des mêmes saints
par François Anguier, qui ont été brisées par les
iconoclastes de 93.

Un écusson aux armes écartelées de France et
d'Autriche occupait l'espace arrondi où l'on a
placé le cadran de l'horloge. Les jolis anges qui sou-
tenaient ce royal écusson, aujourd'hui condamnés à
supporter un objet bien vulgaire, sont dus au ciseau
de Thomas Regnauldin.

Dans la nef de l'église, les bas-reliefs, et les médail-
lons de la sainte Vierge, de saint Joseph, sainte
Anne, saint Joachim, sainte Élisabeth, saint Zacharie,
ainsi que les archivoltes surmontées de bas-relief
représentant les vertus sont de François Anguier.

La composition de l'ensemble du maître-autel est
partout attribuée à Gabriel Le Duc, j'ai vu pourtant
dans Sauval que le chevalier Bernin en aurait
fourni les dessins. Anne d'Autriche voulut que la dé-

coration se rapportât à la naissance de l'Enfant-
Jésus, par allusion à celle de Louis XIV, et qu'on
représentât une étable très richement ornée pour re-
lever la pauvreté de celle où le Christ était né. Le
beau groupe, en marbre, de la nativité du Christ fut
exécuté par François Anguier, c'était son chef-
d'œuvre. Ce groupe, qui n'est pas celui qu'on voit
aujourd'hui, a son histoire. Afin de le conserver,
d'éviter qu'il fût brisé par la tempête révolutionnaire,
Alex. Lenoir le fit transporter au Musée des Petits-
Augustins, qu'il avait installé pour la conservation
des œuvres d'art. Quand le calme fut rétabli dans
notre pays il dut retourner aux édifices religieux.
L'église du Val-de-Grâce étant alors fermée au culte,
Napoléon donna le groupe à celle de Saint-Roch.
Plus d'un demi-siècle après, en décembre 1868, Napoléon III fit demander ce groupe de la Nativité
pour le remettre à son ancienne place : mais le curé
de Saint-Roch, soutenu par sa fabrique, ses vicaires,
probablement même ses paroissiens, allégua la pres-
cription, et refusa obstinément de le rendre. C'est un
vieux dicton que ce que tiennent les gens d'église
ils le tiennent bien. Le groupe resta à Saint-Roch,
où l'on peut le voir encore dans la chapelle du fond
de l'église, derrière le maître-autel.

Comme consolation du pieux larcin qui lui était
fait, le Val-de-Grâce reçut la reproduction de l'œuvre
admirable de François Anguier. — Lequien fut chargé
de la statue de la sainte Vierge, Desprez de celle de
saint Joseph, et Clément Denis de l'Enfant-Jésus.
C'est le groupe de la Nativité ainsi reproduit que l'on

voit aujourd'hui sur le maître-autel de l'église du Val-de-Grâce.

L'autel, qui était fort beau, et le devant d'autel formé par un bas-relief de bronze du plus pur travail, furent très probablement détruits pendant les premiers jours de la Révolution. Cependant une pièce conservée aux archives nationales nous apprend qu'en décembre 1809, le ministre des cultes demanda que l'autel de l'église du Val-de-Grâce fût transporté à l'église des Invalides. Le ministre de l'intérieur répondit par une vive opposition. On ne dit pas qui l'emporta. Mais il s'agissait peut-être de l'ensemble de l'autel, des magnifiques colonnes qui composent le baldaquin, et non de l'autel proprement dit. Quoi qu'il en soit, l'ancien autel avait disparu. Un nouveau, celui d'aujourd'hui, a été construit par Ruprich-Robert, d'après les documents que cet habile architecte a trouvés dans les anciens auteurs, Germain Brice, Piganiol de la Force.

L'inscription suivante est gravée sur le devant de l'autel postérieur : « Ce maître-autel a été reconstruit par Napoléon III en 1870 sur l'emplacement de celui qu'avait fondé Anne d'Autriche et qui fut détruit en 1793. » Mgr de Jeancart, évêque de Cézanne, a consacré ce nouveau maître-autel, le 28 juillet 1872.

Les bas-reliefs du dôme, les quatre évangélistes de la chapelle du Saint-Sacrement, les anges portant des cartels, les figures sculptées sur les arcades des neuf chapelles, sont l'œuvre de Michel Anguier.

A l'extérieur de l'église, les chérubins, les vases qui entourent le dôme, et, sur la chapelle du Saint-

Sacrement, les groupes d'une si fine élégance, sont du sculpteur Philippe Buyster.

Pierre Sarrazin a exécuté pour le Val-de-Grâce un bas-relief en bois représentant la présentation du christ au temple. Il n'existe plus aujourd'hui. A-t-il été sauvé de la dévastation? A-t-il été détruit? Il n'en reste aucune trace.

Les belles peintures de la coupole de l'église, la gloire du Val-de-Grâce, sont du célèbre Mignard. Il a travaillé pendant treize mois à leur exécution. Celles de la chapelle du Saint-Sacrement, au-dessus de la grille, sont dues aux pinceaux de Philippe de Champagne, et de Jean-Baptiste de Champagne, son neveu.

Le dôme de l'église est le plus élevé de Paris après ceux du Panthéon et des Invalides. Il a été réparé à plusieurs époques; sa couverture de plomb a été complètement renouvelée en 1818 et 1819. Puis, en 1864 et 1865, on a accompli sa reconstruction en fer, à cause du mauvais état des bois qui le composaient, et qui ont été ainsi remplacés par des éléments plus résistants.

Les maçonneries extérieures de l'église, les sculptures de la nef, des tambours du dôme, de la coupole, ainsi que celles du chevet ont été restaurées de 1862 à 1865.

Pendant assez longtemps on a pu voir le ballon de la bataille de Fleurus suspendu à la coupole de l'église.

D'après Saint-Simon la somme dépensée pour la construction de cet édifice s'élèverait à trois millions. Ruprich-Robert, très compétent, estime que ce chiffre est fort au-dessous de la réalité.

L'église du Val-de-Grâce a été fermée en 1790, au moment où les religieuses furent renvoyées de leur maison. Elle a servi de magasin pendant la République et l'Empire, et elle a été rouverte, rendue au culte le 16 avril 1826.

Il est fort intéressant de connaître les dispositions de l'ancien Val-de-Grâce et de son entourage, et de rechercher leurs rapports avec celles d'aujourd'hui. Nous avons pu les retrouver dans les assez jolies collections de vues, de dessins, de plans que possèdent les bibliothèques nationales et de l'hôtel Carnavalet, représentant l'aspect, à différentes époques, de l'église, du monastère et des jardins. La plupart de ces vues ne portent pas de dates, mais sur la plupart aussi, et les plus intéressantes, se lit cette mention : *Marot fecit*, nous apprenons ainsi qu'elles sont des dernières années du XVIIe siècle, puisque Marot est mort en 1695.

Des renseignements positifs, très précieux, nous ont été fournis aussi par deux pièces des archives nationales qui renferment l'exposition d'une visite d'expertise, d'un état des lieux, établie en 1793 et 1795, d'après l'ordre du ministre de la guerre, par des commissaires spécialement délégués.

Trois rues circonscrivaient la plus grande partie du Val de Grâce: d'abord la rue du Faubourg-Saint-Jacques, aujourd'hui rue Saint-Jacques, parallèle à la façade de l'église; puis à droite du spectateur, côté sud, la rue de l'Esgout, qui partait de la rue du

Faubourg-Saint-Jacques à peu près à l'endroit où se trouve aujourd'hui la porte charretière de l'école, se dirigeait obliquement dans le sens du boulevard Port-Royal actuel, se redressait et se continuait parallèlement à ce boulevard ; à gauche, côté nord, c'était la rue des Marionnettes, allant en ligne droite de la rue du Faubourg-Saint-Jacques, et perpendiculairement à elle, jusqu'à un point correspondant à l'extrémité nord-est du jardin potager d'aujourd'hui ; c'était à peu près notre chemin de ronde. En dehors du jardin, vers son angle nord-est, se trouvait un petit groupe de maisons qu'on appelait la cour Saint-Benoît. La partie extrême du jardin était close par un mur, comme à présent. Au-delà de ce mur on ne voit sur les dessins que la cour Saint-Benoît et des terrains vagues.

En dehors du mur du sud s'étend la campagne, avec quelques rares maisons. On peut remarquer sur un des dessins une de ces grandes roues à échelons servant à l'exploitation des carrières.

Autour du monastère, renfermés dans les murs de clôture, s'étalent de vastes jardins. Devant la façade, jusqu'à notre jardin potager actuel, c'est un beau jardin dessiné à la française ; certaines vues représentent des arbres en quinconces, et d'autres trois belles allées perpendiculaires aboutissant à une allée parallèle aux bâtiments, semblable à celle d'aujourd'hui, toutes plantées de fort beaux arbres. A gauche de la façade, côté sud, se trouve un joli jardin potager.

Sur les bords de ce jardin, à une certaine distance

des bâtiments, devait être le cimetière des religieuses.
Je n'ai pas pu le reconnaître sur les plans et dessins,
mais voici ce qui autorise avec valeur cette supposi-
tion : en 1863, on a trouvé, en construisant un mur à
50 mètres environ du pavillon sud-est, quinze petites
dalles mortuaires de 0,50 cent. carrés, enfouies sous
la terre, portant des inscriptions à demi effacées, des
noms de religieuses avec la date de leur mort.

Ces dalles ont été employées pour le pavage des
galeries du cloître. On les a enlevées en 1885, quand
le dallage en pierre a été remplacé par une couche
de ciment.

L'église et l'ancien monastère sont exactement
aujourd'hui ce qu'ils étaient après leur construction.
Sans doute, les distributions intérieures ont été mo-
difiées, des annexes ont été ajoutées sur les terrains
voisins, mais les vieux bâtiments sont demeurés les
mêmes.

Avant d'aller plus loin, nous devons ici présenter
une observation, c'est que toute une large partie de
l'histoire des bâtiments reste fort obscure pour nous.
Cette histoire a trois époques : celle des bâtiments
achetés aux descendants de Chapelain, composant le
fief de Valois ou l'hôtel du Petit-Bourbon ; celle des
constructions entreprises en 1624 pour ajouter des
annexes à ce qui existait déjà ; et enfin la dernière,
celle du monastère élevé sur les plans de Mansard,
conservé jusqu'à nos jours. Or, nous ne connaissons
que les bâtiments de la troisième époque ; quant aux
autres, nous ne savons vraiment pas ce qu'ils étaient.
Je n'ai rencontré, découvert aucune pièce, aucune

charte apportant leur description, aucun dessin en représentant la vue. Cependant, si j'abandonne entièrement l'hôtel du Petit-Bourbon, j'estime que dans le monument actuel nous retrouvons des restes imposants du monastère de 1624 (1).

Les bâtiments de l'aile ouest, où l'on voit aujourd'hui le musée de l'école, et ceux de l'aile nord, où est la cuisine de l'hôpital, présentent des formes architecturales différentes de celles des autres parties du monastère, formes qui sont d'un autre style et d'une autre époque. Les fenêtres sont des lancettes ogivales offrant tous les caractères de l'architecture du XVIᵉ siècle ; les contreforts ont également l'aspect de ceux de la dernière époque gothique. Ici se rencontrent des faits contradictoires, dont nous donnerons tout à l'heure l'explication probable. Ces contreforts ne pouvaient convenir qu'à une salle voûtée d'arête ; mais au lieu des voûtes d'arêtes sur nervures, qui étaient en usage au XVIᵉ siècle, on trouve des voûtes à pénétration en lunette, telles qu'elles se pratiquaient au XVIIᵉ.

Le style de ces constructions indique, je le répète, qu'elles sont antérieures à Mansard. A quelle époque remontent-elles? Certainement elles ne sont pas un reste de l'hôtel du Petit-Bourbon, car ces salles sont trop vastes pour un hôtel ordinaire ; ce sont des salles de couvent. Mais, d'après les historiens, la tradition, les pièces probantes, il n'y a pas eu de couvent en cet endroit avant le Val-de-Grâce.

(1) Cette relation technique est rédigée d'après les observations éclairées de notre savant ami, M. l'ingénieur Chorsy.

Voici ce qui nous paraît très probable : ces deux bâtiments auront été entrepris en 1624 pour être ajoutés à l'hôtel du Petit-Bourbon, quand Anne d'Autriche et les bénédictines se sont décidées à l'agrandir. Ce n'étaient pas les logements qui manquaient aux sœurs dans cette vieille maison, car on a bientôt fait en cloisonnant une pièce quelconque d'y pratiquer bon nombre de cellules; ce qui leur manquait c'étaient de grandes salles de réunion, un chapitre, un réfectoire, et c'est par elles qu'on a dû commencer l'établissement nouveau de 1624. L'architecte aura voulu construire un monument suivant la tradition gothique, comme on en a élevé quelques-uns, fort rares, au xvii° siècle, ainsi la cathédrale d'Orléans, l'église bénédictine de Saint-Maixent. Remarquons en passant que le Val-de-Grâce était un monastère de bénédictines. On ne connaissait encore en fait d'imitation gothique que les églises : si notre hypothèse est admise le Val-de-Grâce offrirait un premier exemple de bâtiments claustraux ainsi conçus. Ajoutons que pour un observateur attentif les chaperons qui couronnent les contreforts ne sont pas franchement gothiques, quelques gaucheries d'ajustement trahissent le pastiche.

Nous pensons donc que ces deux ailes du monastère appartiennent à la deuxième période, qu'elles ont été construites par l'architecte inconnu de 1624, et que Mansard les respectant pour leur importance a établi ses plans de manière à les conserver.

La contradiction entre la forme des voûtes et celle des murs peut s'expliquer de deux façons. Reconnaissons d'abord qu'elles sont bien de l'époque de Mansard, et que ce n'est pas le même architecte qui a dressé le plan des voûtes et des murs. Il se peut que les travaux aient été suspendus, et que Mansard ait trouvé les murs élevés sans que les voûtes fussent déjà jetées, il se peut aussi que, mécontent de ce qui existait, il ait démoli les premières voûtes pour les remplacer par de nouvelles établies sur le modèle de son temps.

Ce qui me surprend très fort, c'est que nulle part on n'indique les vestiges d'une ancienne chapelle. Un couvent sans chapelle! Cela ne se rêve même pas.

Revenons à présent aux choses positives.

La cour d'honneur se présentait telle que nous la voyons aujourd'hui, avec sa longue grille qui la fermait du côté de la rue, avec ses deux murs opposés, perpendiculaires aux bâtiments, portant les chiffres enlacés d'Anne d'Autriche et de Louis XIV.

En 1843, on a placé dans cette cour d'honneur, du côté nord, la statue du célèbre chirurgien militaire du premier empire, une de nos gloires, Dominique Larrey. Elle a été faite par David d'Angers : ce n'est malheureusement pas l'œuvre la meilleure de cet habile artiste. Les bas-reliefs ont été exécutés aussi par David, d'après les dessins d'Achille Leclerc. Ce monument n'a été complètement achevé qu'en 1850.

Les dessins nous montrent aussi les pavillons qui s'élèvent aux deux extrémités de la grille. Ils étaient alors à un seul étage, sur un rez-de-chaussée très élevé ; ils ne s'ouvraient pas sur la cour, mais sur la rue, par une grande belle porte, à côté de la grille, et par une haute fenêtre en symétrie avec la porte. Ces pavillons ne faisaient pas partie du monastère cloîtré. Leurs façades postérieures donnaient sur une cour en parallélogramme, formée à un bout par ces pavillons, à l'autre par les bâtiments de l'abbaye elle-même, et de chaque côté par des murs, celui de la cour d'honneur, et un autre mur reliant le pavillon à l'abbaye. Derrière le pavillon de droite cette cour se voit encore, à peu près telle qu'elle était; c'est la cour d'entrée de l'école.

Sur tous ces dessins, on remarque un beau pavillon isolé, dans le jardin, de même forme et de même dimension que ceux de la rue Saint-Jacques; il est élevé près du mur de clôture du côté nord, à peu près à la hauteur de l'amphithéâtre de clinique d'aujourd'hui, au bout du bâtiment, vers l'extrémité de la grande allée d'arbres. J'ignore quelle pouvait être sa destination. Il n'en reste pas de trace apparente.

Sur aucun de ces plans, de ces dessins, on ne voit la maison qui sert aujourd'hui au casernement des infirmiers. On ne voit pas non plus à l'extérieur la maison des petites sœurs des Pauvres. Leur construction est donc postérieure à celle du Val-de-Grâce. Je suppose, d'après quelques indices, que la maison du casernement actuel, derrière l'église, a été construite par la communauté pour recevoir les pensionnaires que les religieuses acceptaient à l'intérieur du couvent.

Devant la grande grille, à l'endroit où s'élèvent les maisons des rues Saint-Jacques et du Val-de-

Grâce, faisant les coins de ces deux rues, un dessin nous présente une belle place en demi-lune au milieu de laquelle se dresse une haute fontaine en forme de pyramide. L'artiste a reproduit ainsi les plans primitifs de Mansard, et non la réalité ; ce projet de place circulaire n'a pas reçu son exécution.

Notre curiosité se plaît à rechercher et retrouver dans le Val-de-Grâce d'aujourd'hui la distribution intérieure de l'ancien monastère. La disposition des cours était celle que nous voyons à présent. Dans les bâtiments occupés par le concierge et par le bureau des entrées se trouvaient un parloir et le tour ; il y avait encore un autre parloir intérieur, dans la pièce où la dépense est établie. La grande et haute salle de la cuisine de l'hôpital était la salle du chapitre. La cuisine du couvent occupait la pièce voûtée qui est aujourd'hui la salle d'escrime des médecins stagiaires et leur vestiaire ; la dépense se trouvait à côté de la cuisine. Le musée de l'école, qui fait suite, était le réfectoire.

Dans la cour de l'école, cour Broussais, en face de la cuisine et du réfectoire, étaient établis divers petits bâtiments servant à l'exploitation, à la vie intérieure du couvent. Il y avait là une basse-cour, une buanderie, des écuries à porcs et à bestiaux, une boulangerie, et un grand réservoir d'eau, dont on retrouve les restes précisément à la place du réservoir actuel. En cet endroit on découvre, en effet, une pièce voûtée en arc de cloître, de 6 à 7 mètres de haut, formant un carré de 4 mètres de côté, sans fenêtres, mais percée dans le haut de quatre ouver-

tures rondes. Un mince escalier de pierre, appliqué
contre une des parois, monte jusqu'à une hauteur
de 2 mètres environ. On y pénètre par un couloir
très étroit, entre deux murs, derrière la statue de
Broussais. Sa base est établie à 1 mètre du sol. Le
volume, la forme et la taille des pierres, celles de la
voûte sont de grandes pierres d'appareil, le mode ar-
chitectural indiquent une construction du xvii° siècle.
C'était bien certainement un réservoir, un château
d'eau. Sur les murs devait s'étendre, être appliquée
une épaisse feuille de métal, de plomb probablement.
L'escalier permettait d'arriver au-dessus du bassin
pour constater l'état du réservoir et de l'eau. Quatre
grandes et belles coquilles de pierre, en forme de
fontaine, sont appliquées sur les quatre faces de
cette tour carrée, elles sont encore en parfait état.
La statue de Broussais est placée contre l'une d'elles
comme dans une niche. Cet ensemble formait dans
la cour un monument isolé qui devait avoir grand air.

Nos conjectures, basées sur l'examen des lieux et
des traces anciennes, nous font croire que lorsque
cette tour a cessé d'être un réservoir, on l'a utilisée
comme cellier, pour la conservation des objets, des
denrées que l'on maintient au frais. Une porte a été
pratiquée aux dépens d'une paroi intérieure, contre
l'escalier, et l'on a établi un plafond au milieu de la
hauteur des murs, ce qui a divisé l'espace à occuper
en deux chambres superposées. De ce plafond il ne
reste pas vestige, mais on le devine à des trous carrés,
taillés en vis-à-vis dans les pierres, trous destinés à
recevoir et soutenir les bouts des poutrelles.

Dans l'aile du midi, à l'emplacement de la pharmacie actuelle, on trouvait l'infirmerie des religieuses et une salle de bains. Le rez-de-chaussée de l'aile formant façade sur les jardins se composait de pièces servant à divers usages. Au premier étage courait une galerie en forme de cloître, ouverte sur la cour intérieure; du côté de l'extérieur on voyait encore des chambres, comme au-dessous. Les cellules des religieuses occupaient tout le deuxième étage, pratiquées sur la cour intérieure et sur les jardins, s'ouvrant dans un long corridor étendu entre elles. Les combles servaient de greniers.

Dans les bâtiments qui relient l'église au monastère étaient le chœur et l'avant-chœur des religieuses. La salle 4 d'aujourd'hui formait l'avant-chœur, la salle 18 la tribune de l'avant-chœur; le chœur, morceau d'architecture qui me paraît d'une grande beauté, faisait suite à l'avant-chœur. Une très belle porte de chêne, à deux battants, artistement sculptée, qui est encore en fort bon état, peut fermer le chœur sur l'avant-chœur. Ce chœur fait partie de la salle 4, salle d'isolement dont il est la continuation. Aujourd'hui un grand mur de briques le sépare de l'église, mais au temps des religieuses il était ouvert sur le fond de la chapelle qui est à la droite du maître-autel.

Le pavillon arrondi par lequel on pénètre dans l'avant-chœur, à présent salle 4, et qui renferme les escaliers conduisant à la salle 18, à la matelasserie, à la lingerie, était autrefois le clocher. Sur les anciens dessins on le voit terminé par une sorte de petit dôme

surmonté d'une croix, et non par un toit plat, comme
aujourd'hui. Un plan, ancien aussi, y représente un
escalier, tel que celui que nous voyons encore.

Le petit monument que nous appelons salon
d'Anne d'Autriche, à colonnes doriques surmontées
d'un étage, se retrouve sur toutes les vues du Val-de-
Grâce ; il a donc été construit en même temps que le
monastère, c'était l'entrée de l'appartement de la
reine. Quand un hôpital militaire remplaça le monastère ce pauvre salon royal servit aux plus vils usages ;
c'était dommage. Je l'ai connu réceptacle de tinettes.
Heureusement, Mme la maréchale Randon, je ne sais
à quelle occasion, mais je suppose qu'elle fut sollicitée par quelque artiste de son entourage, usa de son
influence pour obtenir qu'il fût remis en convenable
état. La restauration se fit en 1865, elle a coûté
16,500 francs. Un fragment de l'ancienne cheminée,
retrouvé sur place, a fourni des indications pour la
reconstruction, conforme au premier modèle, de la
cheminée qu'on voit aujourd'hui. Des meubles ont
été fabriqués, des étoffes spéciales ont été tissées
pour ce salon d'après les dessins de Ruprich-Robert.
Le directeur du mobilier de la couronne était alors
M. Williamson. Le portrait de la reine Anne d'Autriche que l'on y voit est une copie faite par
Mme Roussel, d'après celui de Simon Voüet, conservé au musée de Versailles.

Le monastère du Val-de-Grâce, subissant le sort
de tous les couvents du royaume, fut supprimé en
1790. Ce dut être au commencement de l'année,
d'après le document suivant : « Le 27 février 1790,

Alexandre-Auguste Achenay, avocat au parlement, déclara, au nom de Marie-Louise de Jarry Sainte-Hélène, abbesse, que la communauté se composait de seize religieuses de chœur, de cinq sœurs converses et de deux novices. Les revenus se montaient à la somme de 59,058 livres, 10 sous, 6 deniers, et les charges à 35,222 livres, 1 sou, 6 deniers.

La reine Anne d'Autriche, lorsqu'elle fonda le Val-de-Grâce, s'occupa non seulement de loger ses protégées, mais encore d'assurer les moyens de leur vie matérielle. L'abbaye contenait vingt-quatre arpents d'enclos, que la reine augmenta par l'acquisition qu'elle fit, le 7 juillet 1651, des terrains contigus de l'ancien hôpital de la santé. Les revenus se tiraient de la culture du terrain, de la vente du blé, de l'orge, du bois, de loyers, de rentes, de locations de propriétés. Ils montèrent dans le principe à la somme de 14,000 francs. Les dépenses du monastère étaient de 27,000 francs. La reine et d'autres bienfaiteurs, venant au secours des religieuses, fournissaient l'argent qui leur manquait. Du reste, il est bien sûr qu'elles n'ont jamais souffert de la misère, et il ne paraît pas que cet état précaire des premiers jours ait duré fort longtemps. La reine prenait soin de leur procurer des ressources. Elle leur fit donner par Louis XIV la mense de l'abbaye de Saint-Corneille, de Compiègne.

A ce propos il se passa un fait bien humain, dont on pourrait trouver d'assez nombreux exemples dans l'histoire ecclésiastique de notre pays. Ces dames du Val-de-Grâce, devenant ainsi copropriétaires de

l'abbaye de Saint-Corneille, avec les bénédictins qui
la possédaient déjà, s'unirent à eux dans la préten-
tion d'avoir une juridiction épiscopale sur un monastère de filles du diocèse de Soissons. La juridiction réclamée ainsi consistait, entre autres choses,
dans le droit de désigner, en dehors de l'autorité de
l'évêque, les aumôniers, les confesseurs des religieuses,
les prédicateurs du couvent. On revoit ici la lutte
presque constante, ouverte ou dérobée, du clergé régulier contre le clergé séculier. L'évêque de Soissons
dut leur intenter un procès devant les juges compé-
tents. On retrouve les traces, et on apprécie l'importance de ces débats dans un volumineux mémoire
établi à ce sujet (pièces justificatives).

Par lettres du mois de novembre 1664, enregistrées
le 16 juin de l'année suivante, le roi accorda le droit
de franchise en faveur des artisans qui occupaient des
bâtiments que les religieuses avaient fait construire
sur un emplacement de 472 toises contigu au jardin.
Ce lieu qu'on appelait la cour Saint-Benoit, était situé
au coin des rues des Marionnettes et de l'Arbalète,
c'est-à-dire un peu au delà et à gauche de la buanderie d'aujourd'hui. Le droit de franchise, exemptant
les ouvriers de l'obligation des redevances aux diverses corporations, leur accordant une assez grande
liberté de travail, n'était pas un mince avantage pour
ceux auxquels il était concédé. C'était un beau ca-
deau que le roi faisait aux religieuses du Val-de-
Grâce, car un pareil droit augmentait singulièrement
la valeur de ce quartier de maisons.

Ces dames possédaient aussi des propriétés dans

la rue du Faubourg-Saint-Jacques, aujourd'hui rue
Saint-Jacques; elles louaient même certains appartements du monastère. Des cartons, aux archives
nationales, renferment les titres de propriété de
maisons sises au faubourg Saint-Jacques, et d'un
terrain de 334 toises, acquis le 28 mai 1646, compris
dans l'enclos du monastère; ils contiennent aussi des
baux d'appartements dans l'intérieur du couvent
(pièces justificatives).

La reine avait fait un don pour l'entretien dans le
monastère de jeunes filles nobles sans fortune.

Plusieurs personnes de qualité ont séjourné dans
l'abbaye, et, sans doute, pour cela elles payaient une
certaine redevance. La duchesse d'Epernon obtint
l'autorisation d'habiter le Val-de-Grâce une partie
de l'année, de 1658 à 1675. Le duc de Vitry put y
faire recevoir sa fille, âgée de douze ans, comme
pensionnaire extraordinaire. La reine autorisa trois
nièces du cardinal Mazarin à s'y retirer aussi longtemps qu'il leur plairait. Est-ce avec conviction
que ces demoiselles ont demandé d'être enfermées
dans le saint monastère? Du reste, il ne paraît pas
qu'elles y aient fait un long séjour. La princesse
Marie-Anne, fille de Monseigneur le duc de Wurtem-
berg, âgée de douze ans, fut aussi acceptée comme
pensionnaire extraordinaire.

Certainement, d'autres personnes que celles dont
je viens de citer les noms, qu'une rencontre favorable m'a fait connaître, ont habité le Val-de-Grâce
à titre de pensionnaires, et cela jusqu'au jour où le
couvent a cessé d'exister. En voici une preuve : en

1780, la sœur Jarry de Sainte-Hélène a adressé une réclamation au roi, contre Mᵐᵉ de Giar, à laquelle la reine avait permis d'habiter l'appartement d'Anne d'Autriche ; cette dame voulait apporter des changements, faire des constructions dans ces appartements que la piété de la tradition tenait à conserver intacts, et les religieuses s'opposaient à un bouleversement qu'elles considéraient comme une profanation.

Louis XIV, par lettres du mois de mars 1664, vérifiées au parlement le 16 juillet suivant, fit à cette maison la concession des armes écartelées de France et d'Autriche, surmontées d'une couronne fermée, avec permission de les faire graver pour servir de scel à ce monastère et à l'ordre. Des écussons portant ces armes peuvent se voir aujourd'hui en plusieurs points des bâtiments, un des plus en vue est plaqué dans une sorte de portique surmontant le milieu de la grande façade du côté du jardin.

C'est une pieuse et ancienne coutume, en France, de conserver dans certains monuments publics, en particulier dans les églises, les cœurs de nos grands morts, des illustres par leur naissance ou mieux encore par l'éclat, l'utilité, la dignité de leur vie. Le Val-de-Grâce reçut les cœurs des princes et princesses de la famille royale ; ils y furent rapidement nombreux, car Dieu sait si la mort ravagea la famille du grand roi. La coutume de déposer ainsi ces cœurs au Val-de-Grâce s'est continuée jusqu'aux jours de la Révolution.

Le premier qu'on apporta fut le petit cœur de la première fille de Louis XIV, Anne-Élisabeth de

France, morte le 13 décembre 1662, âgée de quelques mois. Voici comment la chose fut décidée : Anne d'Autriche se trouvait dans sa chère abbaye quand on vint la prévenir précipitamment que sa petite-fille se mourait. La bonne grand'mère s'empressa de courir auprès de la jeune moribonde ; mais, pendant qu'elle faisait ses courts préparatifs, Mme l'abbesse, la mère Dufour de Saint-Bernard, et la mère Marie de Bourges de Saint-Benoît, abbesse l'année précédente, qui me paraissent avoir fait acte de très habile courtisanerie, supplièrent Sa Majesté d'obtenir du roi qu'il voulût bien laisser mettre au Val-de-Grâce le cœur de sa fille, dans le cas où le ciel rappellerait à lui la pauvre créature. Le ciel la rappela. Anne d'Autriche, les larmes aux yeux, adressa à son fils une pressante demande, lui disant qu'elle aussi voulait après sa mort laisser son cœur au Val-de-Grâce. Le roi céda facilement à la prière de sa mère, et le lendemain celle-ci porta elle-même le petit cœur à Mme l'abbesse. En le lui donnant de sa propre main lle lui dit : « Ma mère, voilà un cœur que je vous apporte pour le joindre bientôt au mien. »

Je transcris ici, pour les curieux, la liste des morts de sang royal dont les cœurs ont été déposés au Val-de-Grâce. Le monastère reçut encore, en outre de ces dépouilles princières, celles d'un certain nombre de grands personnages de la cour et de l'Église.

Anne-Élisabeth de France, 30 décembre 1662 ; Anne-Marie de France, 26 décembre 1664 ; Mlle d'Or-léans, 9 juin 1665 ; Anne d'Autriche, 20 janvier 1666 ; Philippe-Charles d'Orléans, 8 décembre 1666 ; Hen-

riette-Anne Stuart, 30 juin 1670 ; Philippe, duc d'Anjou, 2 juillet 1671 ; Marie-Thérèse de France, 1er mars
1672 ; Louis-François, duc d'Anjou, 4 novembre 1672 ;
Alexandre d'Orléans, duc de Valois, 16 mars 1676 ;
Marie - Thérèse, reine de France, 30 juillet 1683 ;
Marie-Anne-Chrétienne-Victoire de Bavière, épouse
de Louis, dauphin de France, 20 avril 1690 ; Anne-
Marie-Louise d'Orléans, 5 avril 1693 ; Mlle de Valois,
16 octobre 1694 ; Philippe de France, duc d'Orléans,
9 juin 1701 ; le duc de Bretagne, 14 avril 1705 ; Marie-
Adelaïde de Savoie, 12 février 1712 ; Louis, dauphin,
18 février 1712 ; Louis, dauphin, 8 mars 1712 ; Charles,
duc d'Alençon, 16 mars 1713 ; Charles de France, duc
de Berry, 17 juin 1714 ; Marie-Louise-Élisabeth d'Orléans, 21 juillet 1719 ; Philippe, duc d'Orléans, 2 décembre 1723 ; Auguste-Marie-Jeanne, duchesse d'Orléans, 18 août 1726 ; Louise-Madeleine d'Orléans,
14 mai 1728 ; Louise-Marie de France, 19 février 1733 ;
duc d'Anjou, 7 avril 1733 ; Philippine-Élisabeth d'Orléans, 21 mai 1734 ; Louise-Diane d'Orléans, 26 septembre 1736 ; Marie-Thérèse-Antoinette, fille de
Philippe V, roi d'Espagne, 22 juillet 1746 ; Marie-
Thérèse de France, 27 avril 1748 ; Louis, duc d'Orléans, 4 février 1752 ; Anne-Henriette de France,
10 février 1752 ; Xavier-Marie-Joseph de France,
22 février 1754 ; Marie-Joséphine de France, 1er septembre 1755 ; Louise-Henriette de Bourbon Conti,
9 février 1759 ; Charlotte-Aglaée d'Orléans, 19 janvier 1761 ; Louis, duc de Bourgogne, 22 mars 1761.

Dans l'église ou le cloître, mais dans d'autres chapelles que celle réservée à la famille royale : les

entrailles de Honorat de Beauvilliers, 28 février 1662;
Marie de Luxembourg, duchesse de Mercœur, 1623 ;
Jeanne de Lescouet, veuve de Charles de Bourges,
21 janvier 1631. Les cœurs de Philippe de Bourges
et de sa fille, 7 juin 1636 ; de César du Cambout,
marquis de Coislin, 1641. Les corps de Bénédictine
de Gonzague, abbesse d'Avenay, 20 décembre 1637 ;
de Constance du Blé d'Axelles, abbesse de Saint-
Menou, 22 juillet 1648 ; de Benedicte, duchesse de
Brunswick, 22 août 1730.

Les cœurs des princes et princesses furent placés
dabord dans la chapelle Sainte-Scholastique, puis, le
20 janvier 1676, on les transporta dans la chapelle
Sainte-Anne. Chaque cœur était recouvert d'une
enveloppe de plomb, et enfermé dans un cœur de
vermeil; chacun avait sa place sur une estrade, sorte
de tombeau élevé au milieu de la chapelle. Là étaient
réunis les cœurs des princes et princesses, ceux de
sang royal ; quant aux autres dépouilles, elles furent
placées dans différents endroits de l'église.

On ne sait pour quelle raison, peut-être parce que
les images de la mort lui déplaisaient, Louis XIV
ordonna que tous ces cœurs, et le corps de Mlle de
Valois, fille aînée de Philippe d'Orléans, pour lors
duc de Chartres, et de Marie-Anne de Bourbon fussent transportés dans le caveau qui se trouve au-
dessous de cette chapelle Sainte-Anne. L'ordre du
roi fut exécuté le 17 janvier 1696. Ce caveau, incrusté
de marbre, avec sa voûte peinte en noir et parsemée
de larmes d'argent, présentait sur son contours d'élé-
gantes petites niches dans lesquelles chaque cœur

trouva sa place. Seuls, les cœurs d'Anne d'Autriche et de Philippe de France, duc d'Orléans, restèrent dans le tombeau de la chapelle.

Les premiers cœurs ainsi apportés au Val-de-Grâce y étaient conduits et reçus en grandes pompes et en grandes cérémonies; plus tard, le roi voulut que le transport fut fait très simplement, avec toutes les convenances voulues, mais sans les brillantes représentations d'apparat.

En 1793 les énergumènes de la révolution française ravagèrent ces tombeaux, comme ils en avaient ravagé bien d'autres. Les cendres princières furent jetées au vent; leurs enveloppes de vermeil furent portées à l'hôtel de la Monnaie, dit-on.

Il paraît qu'un de ces cœurs a été sauvé de la destruction et du pillage général. En brumaire, an II (octobre 1793), lors de la spoliation des tombeaux de la famille des Bourbons au Val-de-Grâce, un sieur Legoy, secrétaire du comité de l'Observatoire, put recueillir un cœur reconnu par l'indication gravée sur la boîte pour celui du dauphin, Louis-Joseph-Xavier-François, fils aîné de Louis XVI, né à Versailles, le 22 octobre 1781, mort à Meudon, le 4 juin 1789. Le cœur, remis à la famille royale par le maire du XIIᵉ arrondissement, en 1817, fut porté à Saint-Denis, sans pompes, mais avec des cérémonies convenables. (Archives particulières de M. le baron Larrey.)

Aujourd'hui il ne reste plus rien de l'autel mortuaire qui ornait la chapelle, non plus que des niches du caveau qui renfermaient les cœurs. La voûte porte

encore les restes de sa peinture noire ornée de larmes d'argent. Deux cœurs sont déposés dans cet
ancien caveau, celui de l'illustre chirurgien militaire
du premier empire, le baron Larrey, placé là par la
piété de son fils, et celui de damoiselle Mary Damby,
Anglaise. Le cœur de Larrey est renfermé dans un
coffret en bois, et celui de l'Anglaise, avec une mince
enveloppe de plomb, est simplement déposé sur la
dalle à hauteur d'appui qui fait le tour du caveau.
Le nom de Mary Damby est tracé à la main avec un
poinçon quelconque, la pointe d'un couteau. A quelle
époque et à quel propos le cœur de cette Anglaise
a-t-il reçu l'asile de ce caveau jadis princier? Rien
n'a pu me le faire savoir. Qui était-elle? Etait-ce une
pensionnaire ou une religieuse du couvent des bénédictines anglaises de la rue des Anglaises? Ce gros-
sier cœur de plomb doit-il évoquer en nous le poétique
souvenir de grands yeux bleus rêveurs, de larges
bandeaux blonds encadrant des joues et des lèvres
diaphanes? Ou la pensée, moins souriante, sous une
cornette noire, d'une figure sèche et pointue terminée
par quelques longues dents? Je l'ignore absolument.

La communauté du Val-de-Grâce avait obtenu le
singulier droit de réclamer les premières chaussures
des princes de la famille royale. En 1790, lorsque
leur dispersion fut décrétée, les religieuses reçurent
l'ordre de dresser un inventaire de leurs biens. Détail touchant, qui nous montre que le souvenir d'Anne
d'Autriche était resté un culte dans la maison, elles
présentèrent son appartement tel qu'il était au temps
de sa royale habitante, avec ses boiseries sculptées,

son ameublement, avec le crucifix, le prie-Dieu, les reliques de la reine. Ces dames soulignèrent sur leur inventaire tous les objets qui avaient appartenu à leur fondatrice.

Les déclarations des biens mobiliers et immobiliers furent faites, le 27 février 1790, par-devant Jean-Louis Le Couteulx de la Noraye, lieutenant du maire au département du domaine de la ville de Paris. En voici des extraits : « Il est conservé avec respect le marteau et la truelle dont s'est servi Louis XIV pour poser la première pierre de cet édifice, la chemise de son sacre, le bonnet de nuit de Monsieur son frère, les premiers bas et souliers de la famille royale, le premier bonnet de Monseigneur, duc de Normandie, à présent notre premier Dauphin, l'espoir du peuple français. » Il y avait là aussi la pendule du veuvage d'Anne d'Autriche, sa bassinoire en argent, transformée en casserole, les housses des mulets et chariots de la reine, qui servaient aux fêtes du Saint-Sacrement.

L'inventaire portait en outre l'indication de tableaux suspendus aux murs de la galerie, peints par la duchesse de Modène et par des religieuses.

On peut dire que le Val-de-Grâce était la maison de campagne, la villa de la reine Anne d'Autriche ; elle aimait à y aller passer des heures de récréation, c'était pour elle aussi un lieu de retraite et un refuge. C'est là qu'étaient ses confidentes, ses meilleures amies, celles qu'on va rechercher dans les heures de bouleversement qu'agitent les secousses d'un grave événement.

Bien des légendes sont nées de ce goût, de cet amour d'Anne d'Autriche pour son monastère du Val-de-Grâce. Notre esprit curieux pense volontiers à tous les mystères que peut protéger l'ombre des cloîtres. Quelques gens racontent aujourd'hui que la pieuse abbaye s'est prêtée à des rendez-vous de la reine et de Buckingam. Tout est possible. Mais encore pour affirmer la vérité d'un fait faut-il apporter quelques preuves. Certes, on ne les trouvera pas dans les écrivains du temps, car aucun d'eux ne fait même la plus légère allusion à ces prétendues rencontres. A la fin de l'année 1624 et au commencement de l'année suivante, époque des voyages de Buckingam à Paris, le Val-de-Grâce était en pleine reconstruction. Un homme n'entre pas facilement dans un couvent de religieuses cloîtrées, et une reine ne se faufile pas comme une grisette. Que de complices il leur aurait fallu! Et quelle admirable confiance dans la discrétion de ces complices, femmes et dévotes! Ce lieu de rendez-vous eût été bien imprudemment choisi.

D'autres disent aussi que c'est à une rencontre fortuite au Val-de-Grâce, celle-là très légitime, que la France est redevable de la naissance de l'enfant prince qui fut le roi Louis XIV. J'estime que c'est pure imagination. Un couvent de nonnes ne comporte pas, ne fût-ce que par égard aux convenances publiques, l'installation de la chambre à coucher d'un ménage, lors même que ce ménage serait celui d'un roi. Il ne paraît pas, du reste, toujours d'après les récits du temps, que le roi Louis XIII, dit le chaste, soit souvent allé au Val-de-Grâce, et surtout qu'il y ait relancé sa royale épouse.

Les gens de l'époque, ainsi que le raconte Mme de Motteville, précisaient d'autre façon les circonstances heureuses qui amenèrent la grossesse de la reine. Le roi Louis XIII aimait d'un amour extrême mais ver- tueux, les païens disent platonique, la belle Mlle La Fayette qui, très vertueuse aussi, était entrée en religion dans le couvent des filles de Sainte-Marie de la rue Saint-Antoine. Là elle se trouvait protégée contre les défaillances de la fragilité humaine. Pen- dant quatre mois le roi alla très souvent la voir. Un jour « étant demeuré fort tard avec elle, il ne put retourner coucher à Saint-Germain selon son des- sein, et fut contraint d'aller au Louvre prendre la moitié du lit de la reine, qui était venue à Paris pour quelques affaires de peu d'importance ; si bien qu'on a dit que cela nous donna le roi Louis XIV ». Il peut être utile aux délaissées que leurs maris aient de longs entretiens à travers une grille, avec de belles religieuses. Pauvre La Fayette !

On connaît l'anecdote de la visite domiciliaire que dut faire, par ordre du cardinal, le chancelier Seguier dans l'appartement de la reine, au Val-de-Grâce. Mme de Motteville la raconte, mais elle est muette sur l'incident de la recherche intime que le chancelier se crut autorisé à faire. On m'a communiqué à la Bibliothèque Mazarine un intéressant document sur ce sujet (Voir pièces justificatives). « De ce qui se passa dans le monastère du Val-de-Grâce, lorsque M. le chancelier Seguier y entra pour visiter les ca-

binets de la reine, en présence de Sa Majesté, et y
chercher les lettres qu'elle avait reçues du cardinal
infant d'Espagne, son frère. » En juillet 1637, le cardinal voulant perdre la reine, envoya au Val-de-
Grâce, le chancelier Séguier, chargé de saisir la
correspondance de la reine avec son frère. Il fouilla
les cabinets de la reine, et n'y ayant rien trouvé il
leva son mouchoir de cou pour chercher dans son
corsage, et là ne trouva rien non plus. Mais le chancelier s'était joué du cardinal dupé, car il avait fait
avertir la reine par sa sœur, la mère Jeanne, supérieure des carmélites de Pontoise. La reine, ainsi
prévenue, fit disparaître les lettres, il était donc tout
simple qu'on ne les trouvât pas. Toutes ces choses de
leur recherche dans les appartements, et même dans
son corsage, étaient arrangées entre les deux complices. Les gens qui furent étonnés de voir la Reine
régente, à la mort de Louis XIII, conserver les
sceaux à. M. Seguier, après une pareille action, ne
savaient pas que tout avait été ainsi concerté d'avance
pour tromper le cardinal. A qui se fier, bon Dieu ! »

Ce même manuscrit renferme une autre histoire
un peu osée, on pourrait, peut-être, dire graveleuse.
« Dessein étrange et antichrétien du cardinal de
Richelieu. » Richelieu reconnaissant que la stérilité
de la reine qui, après quinze ans de mariage, n'avait
pas encore d'enfant, donnait une grande puissance au
prince d'Orléans par ce fait héritier de la couronne,
appelait de tous ses vœux un fils du roi Louis XIII.
Il conçut la pensée, en politique moins scrupuleux
que pratique, d'aider le ciel par des moyens humains,

mais héroïques, de lui fournir la facilité d'exaucer
des prières qu'on paraissait, là-haut, écouter sans
conviction ; il voulut se faire le complice terrestre de
la céleste Providence. Il s'agissait de faire comprendre à la reine qu'elle se devait au bien de la nation,
de la déterminer à sacrifier à la raison d'Etat une
fidélité et une vertu qui devenaient une calamité publique. La couronne de France voulait un héritier,
coûte que coûte, et Louis XIII, peut-être surpris,
aurait fêté quand même la naissance de son fils :
IS PATER EST QUEM JUSTÆ NUPTIÆ DEMONSTRANT.

Vouloir imposer un amant à la Reine c'était raide,
comme on dit aujourd'hui.

Le cardinal s'ouvrit de ses pensées malsaines,
mais fécondes en heureux résultats, au garde des
sceaux le sieur Michel de Marillac ; cet honnête
magistrat les repoussa avec une énergie indignée. Le
cardinal en était pour la honte de sa conception diabolique. La reine mère Marie de Médicis, instruite
des pensées du cardinal, exprima par sa violente
émotion toute l'horreur qu'elles lui inspiraient.

Qu'y a-t-il de vrai dans cette histoire? Il est évidemment bien difficile de le savoir. Mais lorsqu'on
se rappelle le cardinal de Richelieu, on n'est pas
trop éloigné de penser qu'il ait pu concevoir et proposer hardiment un semblable projet. De pareils esprits, à force d'avoir imposé leur volonté implacable
à tous les groupes humains, en arrivent à vouloir diriger les événements de la nature elle-même.

Aujourd'hui encore, comme dans l'histoire, les
deux noms de Val-de-Grâce et Anne d'Autriche se

confondent dans leur union; l'un ne peut pas être prononcé sans qu'il éveille le souvenir de l'autre.

Deux jours après la mort de son époux, du roi Louis XIII, contrairement à tous les usages qui ne permettaient à une veuve de sortir de sa maison qu'après quarante jours écoulés depuis la mort de son mari, la reine Anne d'Autriche ne put résister à son désir de voir ses amies du Val-de-Grâce. La chose, du reste, nous paraît bien naturelle. Mais elle ne voulut pas braver les coutumes, et s'y fit conduire, de façon à ne pas être reconnue, dans le carrosse de la princesse de Condé et non dans le sien.

Au moment d'abandonner sans bruit Paris révolté et d'aller s'établir à Saint-Germain avec la cour et l'armée, dans la soirée du 5 janvier 1649, elle disait devant son cercle d'intimes pour détourner les soupçons, qu'elle irait le lendemain passer la journée au Val-de-Grâce, et y faire ses dévotions.

Lorsqu'elle arriva à la fin de sa régence, elle avait la pensée et le désir de se retirer au Val-de-Grâce loin des bruits du monde et du tracas des affaires. Cependant elle demeura à la cour, auprès de son fils, jeune encore, qu'elle voulait soutenir de sa présence. Il lui arriva souvent depuis, dans ses jours d'irritation nerveuse et de haute piété, de vouloir s'enfermer dans son cher monastère pour ne s'y occuper qu'au soin de son salut.

La pensée de cette maison revenait toujours à son esprit comme celle de ces lieux bénits où l'on doit trouver le calme et le repos. Ainsi, lorsque le jeune roi tomba malade, à Calais, en juin 1658, atteint d'une

fièvre continue qui faillit l'emporter, Anne d'Autriche
forma le dessein de se retirer au Val de Grâce si elle
avait la douleur de perdre son fils. Plus tard, dans
une période de brouille sérieuse avec ce fils devenu
grand, en 1664, elle manifesta la résolution de quitter
la cour et d'aller vivre au Val-de-Grâce. Mais le jeune
roi demanda pardon à sa mère, et se réconcilia avec
elle, non sans verser d'abondantes larmes, chose ha-
bituelle chez lui dans ses moments d'émotion.

Quand on voulait se bien faire venir d'Anne d'Autriche on lui rendait visite au Val-de-Grâce avant
de se présenter devant elle à la cour. Les habiles,
ceux qui savent prendre les gens par leur faible, ne
manquaient pas d'agir ainsi.

Un neveu de la main gauche, don Juan d'Autriche,
fils de son frère Philippe IV, roi d'Espagne, et d'une
comédienne, Marie Calderona, traversa Paris incog-
nito afin d'éviter l'embarras des rangs; elle voulut
le voir, et c'est au Val-de-Grâce que le royal bâtard
fut reçu. Voici en quels termes Mme de Motteville
raconte cette visite. « Il était vêtu d'un gros habit gris,
et d'un justaucorps de velours noir, avec des boutons
d'argent, le tout à la française. La reine qui voulut
l'entretenir en particulier, y mena seulement Monsieur, et peu de dames avec elle. J'eus l'honneur d'être
du nombre de celles qui y furent souffertes. Je vis ce
prince, qui, tout bâtard qu'il était, se faisait beaucoup respecter. Il était suivi par des personnes de
qualité; et les noms de ceux qui étaient à sa suite
étaient des plus illustres d'Espagne. Il nous parut
petit, mais bien fait dans sa taille. Il avait le visage

agréable, les cheveux noirs, les yeux bleus et pleins
de feu, ses mains me parurent belles, et sa physio-
nomie spirituelle. Après qu'il eut salué la reine, elle
le mena dans un coin de sa chambre un peu séparé
des autres; ils demeurèrent ensemble tout debout
pendant trois quarts d'heure ou une heure. » La
reine parut très satisfaite de son neveu, très heureuse
d'avoir vu quelqu'un de son sang.

Et puis vinrent les jours cruels de la longue maladie à laquelle Anne d'Autriche devait succomber.
La reine ressentit les premières atteintes de son mal
le 4 octobre 1664. Elle était allée de Vincennes où
était la cour, visiter les petites Carmélites à Paris;
là, elle eut une faiblesse, se trouva mal. Au lieu de
retourner à Vincennes elle alla coucher au Val-de-
Grâce, où elle passa une mauvaise nuit. La pauvre
reine était atteinte d'un cancer au sein, mal qu'elle
avait toujours redouté pour en avoir vu de pénibles
exemples chez des religieuses du Val-de-Grâce. Ce
fut au mois de décembre, pendant une retraite de la
reine dans sa chère abbaye, à l'occasion des fêtes de
Noël, que l'affection se déclara tout à coup profonde
et incurable.

C'est une histoire lamentable, et pourtant commune, celle de la longue maladie d'Anne d'Autriche.
Ce qu'elle fit alors, ce que lui conseilla son entourage, c'est ce que font bien souvent un grand nombre
de pauvres femmes d'aujourd'hui, et leurs familles
aussi. Devant les maladies sans espoir les grands se
conduisent comme le vulgaire, et le vulgaire se conduit comme les grands.

Le médecin de la reine était Seguin; il saignait sa royale patiente et appliquait sur son sein des emplâtres de ciguë, mais il ne la guérissait pas. L'entourage l'accusait, avec politesse, comme on fait en général pour les médecins, mais avec conviction. Le roi envoya à sa mère, Vallot, son premier médecin, lequel, cela devait être, n'obtint rien de mieux que son confrère, et fut, naturellement, comme lui, condamné par l'entourage de la reine. Cependant des divers points de la France arrivaient fort nombreuses les propositions d'une foule de personnes, chacune d'elles se vantant d'apporter un baume souverain.

On engagea la reine à essayer le traitement d'un empirique nommé Gendron. Elle reçut ce personnage au Val-de-Grâce. Il composa un remède secret, une de ces recettes que certaines familles conservent en se les transmettant de père en fils; c'était une sorte de cataplasme appliqué chaud. La pauvre reine éprouva de mordantes souffrances, et l'entourage qui ne souffrait pas, en conclut que le remède agissait, et qu'il fallait en continuer l'usage. Au bout de quelque temps la peau se fendilla et le cancer s'ouvrit.

Alors on eut recours à un autre empirique, qu'on fit venir de son pays de Lorraine; il s'appelait Alliot (1). Mme de Monteville dit de lui : il était homme, et par conséquent il était menteur. C'est dur. Alliot disait avec assurance que, sûr de son remède, il gué-

---

(1) Observation curieuse, on peut lire aujourd'hui à la quatrième page des journaux le nom d'un sieur Alliot, guérisseur de cancers. Souhaitons-lui de mieux réussir que l'Alliot d'Anne d'Autriche.

rirait son auguste cliente. Cependant, quand il fut
conduit auprès d'elle, et qu'il constata l'étendue du
mal, il revint un peu sur ses tranchantes affirma-
tions. Les médecins décidèrent qu'il convenait de
laisser Alliot appliquer ses drogues secrètes. Mais
ils voulaient surveiller ce nouveau traitement, et
pour cela il fallait que la reine revînt à Paris; elle
habitait alors le château de Saint-Germain.

La reine fut transportée dans une litière de Saint-
Germain à Paris, et elle arriva heureusement au
Val-de-Grâce où il y avait longtemps qu'elle désirait
d'être. Elle manifesta son contentement de se trouver
dans cette sainte maison, et, en se mettant dans son
lit elle dit à l'abbesse : me voilà contente. Que Dieu
dispose de moi à sa volonté.

L'infortunée malade ne devait pas jouir longtemps
de ce dernier plaisir que lui avait procuré son arrivée
au Val-de-Grâce. Tout le monde se ligua pour la
faire revenir au Louvre. Les médecins ne trouvaient
pas commode d'aller tous les jours au faubourg
Saint-Jacques, et, une fois rendus, d'attendre longtemps devant les portes qui ne s'ouvraient qu'après
toutes sortes de cérémonies. Les gens de la cour
remarquaient aussi que le Val-de-Grâce était bien
éloigné, et le roi lui-même pensait comme eux. Bref,
la pauvre vieille reine, sollicitée de toutes parts, dut
se faire transporter au Louvre, et fut ainsi privée de
la consolation qu'elle avait toujours désirée, de finir
ses jours dans l'abbaye aimée. En partant, elle dit
aux religieuses réunies autour de sa litière : « Mes
mères, je ne mérite pas de mourir parmi vous autres,

mais si vous n'avez mon corps, vous aurez mon cœur. »

Le cancer avait fait de terribles progrès, malgré les remèdes d'Alliot. Sans se désespérer, l'entourage fit venir de Milan un nouvel empirique, qu'on appelait simplement le Milanais. Le 9 janvier, dix jours avant la mort de la reine, ce praticien au cœur robuste fit l'application de son onguent merveilleux sur l'agonisante résignée. Enfin, la pauvre patiente mourait le 20 janvier 1666, entre quatre et cinq heures du matin.

Pendant sa longue et cruelle maladie Anne d'Autriche s'occupait toujours des choses du Val-de-Grâce. Un jour, après une crise de douleurs, voyant sa fin prochaine, elle fit au roi ses dernières recommandations, dont par hasard, Mme de Monteville en entendit une, qui était de faire achever le Val-de-Grâce.

Le testament de la reine renferme plusieurs clauses relatives au monastère qu'elle aimait. La première est celle-ci : ordonne que son corps soit porté dans l'église de l'abbaye de Saint-Denis, et mis auprès du feu roi Louis XIII, après néanmoins que son cœur en aura été tiré par le côté, sans autre ouverture : ce qu'elle défend expressément ; pour être son dit cœur porté dans l'église et abbaye du Val-de-Grâce, et mis dans la chapelle de Sainte-Anne de l'église de ladite abbaye. Plus loin : La dite dame Reine supplie le roi d'avoir agréable de faire valoir ce qui reste dû des deux cent mille livres dont il a donné le fonds en la présente année 1665 pour les bâtiments du Val-de-Grâce, et de vouloir encore bien faire un pareil fonds de deux cent mille livres en la prochaine année 1666 pour achever lesdits bâtiments. *Item*, la dite dame Reine veut et ordonne que les reliques et reliquaires qui sont dans son oratoire près de sa chambre, au château du Louvre à Paris, soient transportés en l'abbaye du Val-de-Grâce, et remis ès-mains des abbesses et religieuses du dit monastère. *Item*, veut et ordonne la dite dame Reine qu'en la dite abbaye du Val-de-Grâce il soit célébré à perpétuité, par chacun jour, une messe basse à son intention, en l'une des chapelles de la dite église (1).

Je crois utile, peut-être intéressant, d'ajouter quelques lignes à cette histoire à propos de Mlle de La Vallière, dont le souvenir demeure si étroitement uni à celui du fils d'Anne d'Autriche, que bien des gens, qui seraient embarrassés pour dire le nom de la femme légitime de Louis XIV, Marie-Thérèse, n'hésiteraient pas une seconde à prononcer celui de sa maîtresse.

Chose singulière, les traditions du Val-de-Grâce conservent et rapportent bien des légendes sur Mlle de La Vallière, nous la présentant presque comme une visiteuse habituée de la maison. On devrait pourtant penser que cette touchante irrégulière ne pouvait pas être dans les bonnes grâces de sa belle-mère d'occasion. Anne d'Autriche a été forcée

---

(1) Ceci pour les statisticiens : depuis le commencement de la régence jusqu'à sa mort, la reine a passé 146 nuits au Val-de-Grâce, et elle y est entrée 537 fois.

de la recevoir à Vincennes, à Saint-Germain, à Versailles, dans les résidences royales, mais elle ne l'aurait certainement pas attirée dans l'intimité de sa douce et pieuse retraite du Val-de-Grâce. N'importe, les gens vous parlent avec conviction des séjours de Mlle de La Vallière dans le saint monastère, et on y montre encore, comme objet de grande curiosité, un confessionnal dans lequel elle serait restée cachée pendant trois jours, après s'être échappée de la cour avec le maréchal de Bellefonds, son ami et son confident. Ce confessionnal, ainsi devenu historique, se trouve dans la petite sacristie attenante à la chapelle du Saint-Sacrement.

D'autres veulent même que Mlle de La Vallière ait habité le Val-de-Grâce, et désignent, sans hésiter, comme ayant été son hôtel particulier, une assez jolie maison qui sert au casernement des infirmiers.

Pures légendes, que démentent les renseignements contemporains, et que le raisonnement suffirait à confondre.

La tendre Louise s'est enfuie deux fois, dans des accès de fou désespoir. La première fois ce fut le 24 février 1662, elle n'avait pas encore dix-huit ans, à la suite d'une querelle avec son royal amant. Le roi l'avait quittée furieux. Ils étaient convenus, quelques brouilleries qu'ils eussent ensemble, de ne jamais dormir sans se réconcilier, s'écrire. Or, le roi n'écrivit pas, et La Vallière, après une nuit d'angoisses, désespérée, folle de chagrin, s'échappa des Tuileries et courut au couvent de Chaillot. Les bonnes sœurs ne voulurent pas la recevoir dans l'intérieur de leur maison, et elle dut rester dans le parloir du dehors. Le roi, prévenu bientôt, galopa jusqu'à Chaillot, lui commanda de revenir, et envoya chercher un carrosse pour la ramener. C'était encore pour eux le beau temps des vraies amours.

Moins de dix ans après, vers le 11 ou 12 février 1671, Louise s'enfuit encore, et se dirigea vers le couvent de Sainte-Marie de Chaillot. Il ne s'agissait plus alors d'une simple brouillerie de jeunes amoureux, mais bien des tortures de la jalousie et des humiliantes souffrances d'une rivalité odieuse. Louise était répudiée pour la Montespan. Le roi ne monta pas à cheval ; il envoya Colbert, avec ordre à La Vallière de revenir sans différer. Arrivée au couvent de Chaillot à six heures du matin, elle en sortit à six heures du soir.

Dans tout cela il n'est nullement question du Val-de-Grâce ; elle ne s'est pas plus réfugiée dans ce couvent qu'elle ne l'a habité. Mlle de La Vallière devenue maîtresse du roi continua à vivre et loger chez Madame, dont elle était fille d'honneur ; puis, vers le mois de septembre 1663, le roi la sachant enceinte voulut l'éloigner de la maison de Madame ; il lui acheta le petit palais de Brion, très modeste pavillon, à un seul étage, dans le jardin du Palais-Royal, du côté que longe actuellement la rue de Richelieu. Plus tard il lui donna, à Versailles, rue de la Pompe, un petit pavillon qui existe encore. Hélas ! dans ce même pavillon qu'habitait Louise de La Vallière, un jour il installa Mme de Montespan, et les deux femmes vivaient ensemble ! On l'appelait

alors la maison de ces dames, et lorsque le roi se dirigeait de son côté, on disait : « Le roi va chez ces
dames ! » Cette histoire est cruelle pour la mémoire
du grand roi.

Enfin, quand la duchesse de La Vallière entra aux
carmélites ce fut après mûres réflexions et non par
un coup de tête. Le roi avait dû accorder son consen-
tement. La royale délaissée prit officiellement congé
de la cour ; elle fit ses visites d'adieu le 20 avril 1674.
Le soir, La Vallière parut à un dernier souper à la
cour, chez Mme de Montespan, et le lendemain matin,
après avoir assisté à la messe du roi, elle monta
dans son carrosse. Ses deux enfants l'accompagnaient.
Des amis, des parents occupaient une autre voiture.
Pour cette dernière sortie la future recluse avait re-
vêtu une robe d'apparat. A peine âgée de trente ans,
jamais elle n'avait paru plus belle. Les carrosses
avançaient au milieu de la foule tumultueuse et sym-
pathique. Et puis la porte du couvent se referma sur
elle.

Ce couvent des Carmélites existe encore aujour-
d'hui dans un assez large espace entre la rue Saint-
Jacques, presque en face du Val-de-Grâce, et la rue
Denfert-Rochereau. La porte par laquelle la péni-
tente y est entrée existe aussi, dans un enfonce-
ment, occupé par un marchand de charbon, entre les
maisons portant les numéros 282 et 286, mais elle ne
s'ouvre plus.

Le nom de Mlle de La Vallière est resté populaire
dans cette partie du quartier Saint-Jacques, et il est
très naturel, très humain que chacun cherche à y

constituer à son profit un monument palpable de
l'aimable souvenir de l'amoureuse pécheresse. Les
gens du Val-de-Grâce ont fait comme les autres. Et
puis on se gêne si peu avec les menus faits de l'histoire. Ainsi, on peut voir dans l'église de l'île Saint-
Louis, près de la porte d'entrée, un petit bénitier en
pierre, encastré dans le mur, surmonté d'une tête
d'ange, et au-dessus une plaque de marbre sur laquelle
est écrit : Bénitier du couvent des carmélites de
Chaillot. Souvenir de la pénitence de sœur Louise
de la Miséricorde 1675. L'histoire des deux fuites à
Chaillot a fait confondre les couvents de Chaillot
avec celui des grandes carmélites du faubourg
Saint-Jacques, et le saint bénitier, présenté comme
témoignage d'un pieux repentir, bénéficie innocem-
ment du souvenir qu'une erreur lui a attaché.

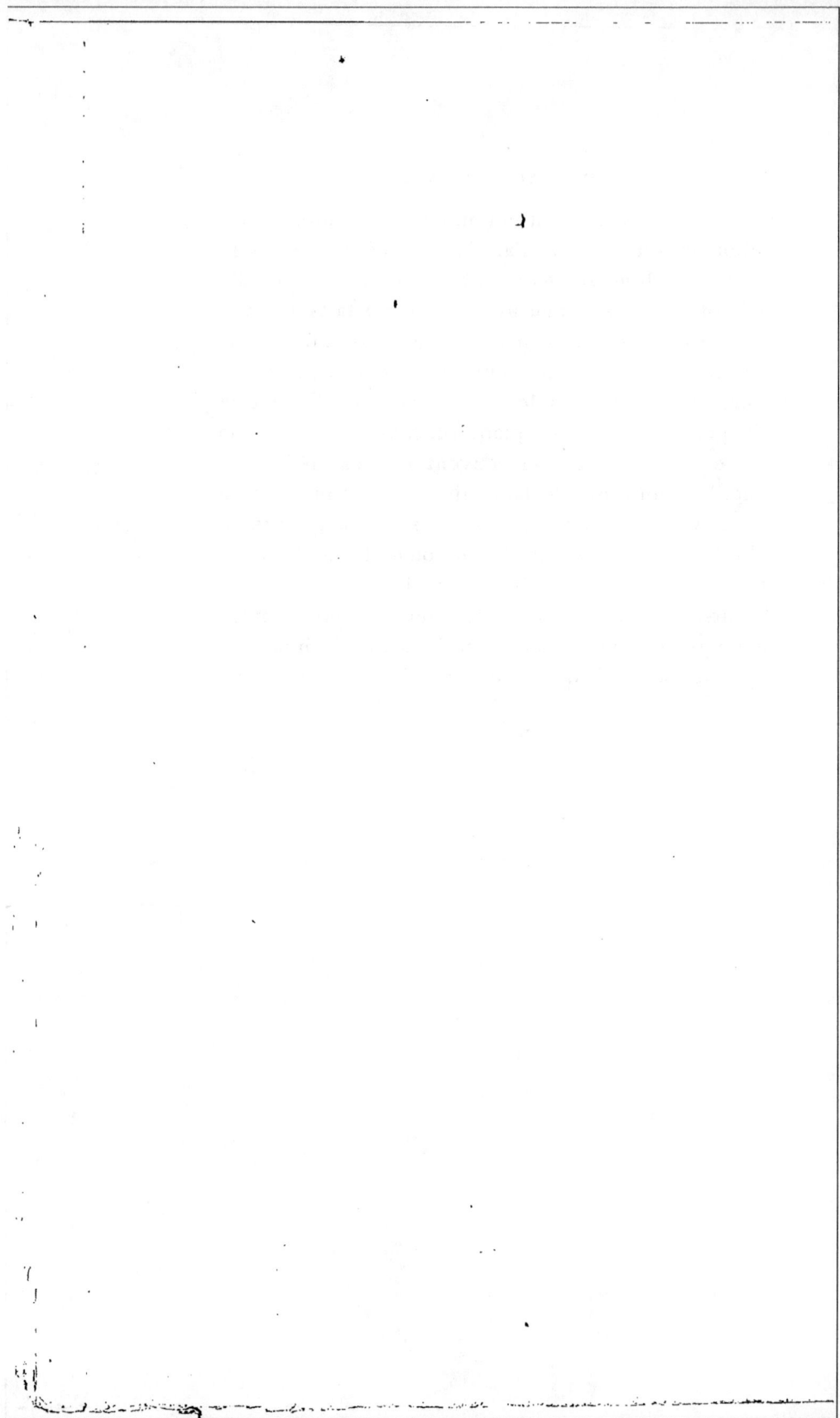

HOPITAL MILITAIRE

DU VAL-DE-GRACE

La création de l'hôpital militaire du Val-de-Grâce a été une œuvre très laborieuse, qui rencontra les plus vives oppositions. Evidemment elle lésait beaucoup de petits intérêts, elle compromettait la réussite de bien des desseins ambitieux, elle déplaçait des positions acquises.

Il semble que la médiocrité, et le pouvoir injuste, aient l'instinct de découvrir dans une œuvre à peine ébauchée les germes d'une grandeur et d'une délivrance futures, humiliation pour les uns, détrônement des autres. Encore en projet, à peine en formation, l'hôpital militaire du Val-de-Grâce avait déjà ses puissants et implacables ennemis.

En recherchant ses origines j'avais rencontré un certain nombre de faits qui me paraissaient être les restes, un peu effacés, d'une lutte acharnée. Aussi n'ai-je pas été surpris de lire dans les mémoires de Desgenettes la phrase suivante d'un discours prononcé par le vénérable Coste : « On n'ignore pas que

pour poser, ensuite pour assurer la première pierre
de l'hôpital militaire de Paris, au Val-de-Grâce, le
conseil de santé eut à triompher des contradictions
les plus puissantes et les plus multipliées. »

Voyons, en effet, ce qui se passa. Après le décret
du 31 juillet 1793, qui autorise le ministre de la
guerre à faire servir la maison nationale du Val-de-
Grâce à un hôpital militaire, on voit surgir plusieurs
autres décrets qui se dressent en obstacles devant
l'exécution des projets du ministre. Ainsi, la Convention décide, le 7 ventôse an II (26 février 1794), que
le Val-de-Grâce deviendra un hospice pour les femmes
en couches et les enfants abandonnés. Son décret ne
reçoit aucune application, n'importe, pendant quelque
temps le Val-de-Grâce échappe au ministre de la
guerre, qui ne peut y installer les militaires malades.
Un peu plus d'un an après, le 20 messidor an III
(9 juillet 1795), le conseil de santé, consulté de nouveau, tient une délibération étudiée, et conclut à la
translation au Val-de-Grâce de l'hôpital militaire de
Paris, et les intéressés trouvent le moyen de faire décréter par la Convention, à la date du 10 vendémiaire,
an IV (2 octobre 1795), que le Val-de-Grâce servira
d'hôpital militaire pour la légion de police. Et les
malades de la légion de police ne vont pas plus au
Val-de-Grâce que n'y étaient allées les femmes en
couches.

En même temps on cherche à ranimer et fortifier
le Gros-Caillou pour en faire un adversaire solide et
résistant, et l'on obtient un décret de la Convention
(17 vendémiaire, an IV, 9 octobre 1795) qui règle

étroitement toutes choses, multiplie les recommandations rigoureuses, établit une surveillance active,
place enfin les affaires de cet hôpital sur un pied
d'immuable stabilité. Résistance vaine ; environ
quinze jours après l'édiction de ce dernier décret le
Val-de-Grâce ouvre ses portes pour recevoir les
malades du Gros-Caillou.

Je n'ai trouvé nulle part la mention et la date officielles de l'entrée en fonctionnement de l'hôpital du
Val-de-Grâce. L'indication en est donnée, mais d'une
façon très large, dans l'article *Médecine militaire*
du dictionnaire en 60, par Fournier-Pescay ; on y
lit : un règlement du 26 prairial an IV (15 juin 1796)
décida que l'hôpital du Val-de-Grâce, à Paris, *fondé
l'année précédente par le conseil de santé...*
Fournier-Pescay indique ainsi l'année 1795, et non
une date précise. Un précieux renseignement, fourni
par les archives du ministère de la guerre, nous
permet de la fixer avec assez de précision. Le 7 brumaire an IV (29 octobre 1795) le ministre fit à la fois
trente nominations au Val-de-Grâce, désigna trente
officiers de santé, vingt médecins et chirurgiens, dix
pharmaciens pour le service de ce nouvel hôpital.
Ce fait seul constituerait une démonstration s'impo-
sant sans arguments, et cependant, tant notre esprit
veut pour le contenter des énonciations précises, j'ai
été fort aise de le voir confirmé par Desgenettes.
Ce médecin raconte, en effet, que Dufouart végétait
douloureusement dans les fonctions de chirurgien en
chef de l'hôpital militaire du Gros-Caillou, quand cet
établissement fut supprimé et réuni au Val-de-Grâce.

C'est donc bien à la fin d'octobre, ou dans les premiers jours du mois de novembre 1795 que l'ancien
monastère du Val-de-Grâce est devenu un hôpital
militaire, l'hôpital militaire de Paris. J'insiste sur
cette date parce qu'on ne la trouve pas dans les no-
tices concernant notre hôpital, et parce que la plus
formelle erreur est répétée à ce sujet par la plupart
des différentes histoires de Paris, les auteurs se con-
tentant de se copier sans remonter aux sources. Dans
le tableau de Paris d'Edmond Texier (Paris 1852);
dans la nouvelle édition de Lebeuf, par Cocheris;
dans le dictionnaire de Dezobry et Bachelet se répète invariablement cette phrase : sous l'empire, le
Val-de-Grâce devint l'un des hôpitaux militaires de
la garnison de Paris. Or, aux premiers jours de l'empire l'hôpital militaire du Val-de-Grâce existait déjà
depuis neuf ans, et pendant six ans il avait été hôpital d'instruction.

Que devint notre couvent quand les religieuses
l'eurent quitté? A-t-il été utilisé et de quelle façon?
Je ne puis le raconter avec certitude, n'ayant découvert aucun document positif sur son histoire à cette
première époque; mais j'ai de bonnes raisons de
croire qu'il demeura en état, sans être employé à
aucun usage.

La pièce officielle la plus ancienne relative au Val-
de Grâce devenu propriété nationale, est datée du
11 mai 1793 (1) (Arch. nationales, liasse E. 15-395).
C'est un compte rendu par les citoyens Désoteux,

(1) La date est ainsi écrite : 11 mai 1793, an 2 de la République
française. En réalité c'était l'an I; mais le 2 janvier 1793 la Con-

Bayen et Coste d'une visite faite par eux au Val-de-Grâce.

Le ministre de la guerre avait consulté le conseil de santé sur la convenance d'établir un hôpital militaire dans les bâtiments du Val-de-Grâce; le conseil délégua trois de ses membres pour visiter le local ainsi proposé, et rendre compte des dispositions qu'il présentait. Le ministre leur adjoignit le commissaire des guerres de la 17e division, et le citoyen Roucelle, architecte du département de la guerre.

Le rapport est très favorable à l'établissement projeté. Le reproduire en entier serait une longueur, mais relevons quelques observations : l'église a paru plus propre à servir d'entrepôt à quelques objets de magasin qu'à y placer des malades; il est nécessaire de procéder à des réparations et dispositions particulières, les principales consisteront à abattre toutes les cloisons formant les cellules des sœurs, à ouvrir plusieurs fenêtres. Les commissaires des guerres n'ont pas de données suffisantes pour évaluer si la dépense des réparations préalables compensera les avantages que ce local paraît présenter sur celui de de la rue Babylone.

Dans ces passages ainsi, du reste, que dans les autres parties du rapport, il n'est fait aucune mention d'objets, de ballots déposés dans l'église, non plus que de l'occupation actuelle des locaux par des personnes, par une industrie, par une exploitation

vention nationale avait décrété que la seconde année de la République daterait du 1er janvier 1793. Ce décret ne fut pas appliqué longtemps, mais il l'était encore au mois de mai.

quelconque; de plus, il est constaté que les choses
des bâtiments sont restées dans l'état où elles étaient
quand la communauté a dû vider les lieux. Ces faits
me paraissent constituer des raisons suffisantes pour
admettre, comme je le disais tout à l'heure, que le
monastère abandonné demeurait inoccupé. Nous reconnaissons aussi que des études se poursuivaient
pour le choix d'un hôpital militaire, et que divers
établissements étaient proposés, puisqu'il était question en même temps de celui de la rue Babylone.

Le compte rendu de la visite fut donc présenté au
conseil de santé, le 11 mai 1793; celui-ci adoptant le
rapport de ses commissaires et approuvant leurs
vues, arrêta qu'une expédition de ce rapport serait
adressée sur-le-champ au ministre de la guerre. Les
membres du conseil ont signé: Heurteloup, Coste,
Bayen, Nufin, Saucerotte, Le Preux, Parmentier,
Sabatier, Groffier, Daignan, Vergez, Désoteux.

Les conclusions favorables du rapport furent adop-
tées, et, le 31 juillet 1793, la Convention promulgua
un décret autorisant le ministre de la guerre à faire
servir la maison nationale du Val-de-Grâce à un
hôpital militaire.

Il est donc juste de dire que l'hôpital du Val-de-
Grâce a été fondé par un décret de la Convention du
31 juillet 1793, mais on se tromperait largement si
on croyait que son fonctionnement a commencé le
même jour. Entre la promulgation d'un décret et son
exécution il arrive souvent que de longs jours s'é-
coulent.

Néanmoins les ouvriers se mirent à l'œuvre dans

l'ancien monastère. — Mais les travaux d'appropria-
tion durent marcher assez lentement, peut-être fu-
rent-ils plusieurs fois suspendus, car ce n'est que
deux ans après qu'ils sont présentés comme ter-
minés.

Le 20 messidor an III (9 juillet 1795) le citoyen
Roucelle, architecte du département de la guerre,
apporta au conseil de santé un rapport contenant la
description des bâtiments, jardins et dépendances
composant la ci-devant abbaye du Val-de-Grâce,
disposée à l'usage d'un hôpital militaire. Cette description (Arch. nat. liasse F. 15.395) est intéressante
pour nous, car elle indique la correspondance des
pièces et salles de l'ancien monastère avec celle du
nouvel hôpital. Il y est dit que l'hôpital pourra contenir à l'aise 1,000 lits, chacun de 3 pieds de large,
sur 6 pieds de long. et de distance l'un de l'autre
d'environ trois pieds.

La lecture en fut faite devant les membres du conseil de santé réunis, et, séance tenante, eut lieu une
délibération, qui me paraît si importante que, malgré
ma crainte des longueurs, je la transcris en entier.

Extrait des délibérations du conseil de santé.
Séance du 20 messidor, an 3° de la République française, une et indivisible.

Le conseil de santé, après avoir pris connaissance
de la description du local du Val-de-Grâce, faite le
17 du présent mois par ses commissaires réunis
au commissaire ordonnateur de la 17° division et à
l'architecte des commissions exécutives;

SERVIER   5

Après s'être fait représenter le compte rendu dès le 11 may 1793, par les commissaires nommés par lui, à cette époque, à l'effet de visiter ce local, conformément au décret qui l'avait consacré à un hôpital militaire, rapport qui fut adopté par le conseil de santé et adressé par lui au ministre de la guerre.

Considérant tous les avantages qui résulteraient pour le service de l'hôpital militaire de Paris, d'être transporté dans la ci-devant abbaye du Val-de-Grâce, tandis que l'hôpital actuel du Gros-Caillou, très insuffisant pour son objet, serait plus que suffisant pour réunir les enfants de la patrie, qu'on se propose d'établir au Val-de-Grâce ;

Considérant que le comité de Salut public a arrêté le 1er de ce mois, qu'il serait formé à l'hôpital militaire de Paris, une école clinique de médecine, de chirurgie et de pharmacie, propre à servir de modèle aux institutions de ce genre, dont la prompte restauration est impérieusement exigée par l'intérêt de la science, celui de l'humanité, et plus spécialement par celui du service de santé militaire, qu'il est si essentiel de rendre à sa première uniformité, et dans lequel il importe que les candidats soient initiés par des hommes que leurs talents, leur expérience et leur succès dans cette carrière appellent à ces importantes fonctions ;

Considérant qu'un établissement semblable serait presque impossible dans l'hôpital actuel du Gros-Caillou, tandis que le local du Val-de-Grâce offre toutes les facilités qui pourraient concourir à sa perfection ;

Le conseil de santé arrête que copie de la description topographique faite par les derniers commissaires et copie du compte rendu par les premiers, le
11 mai 1793, seront sur-le-champ adressées au comité de Salut public, à celui d'instruction, et à celui
des secours de la Convention nationale, avec invita-
tion de concourir de tous leurs pouvoirs à faire prononcer la translation avantageuse de l'hôpital militaire de Paris au Val-de-Grâce, et celle de l'administration des enfants de la patrie, à l'hôpital du
Gros-Caillou.

Pour extrait conforme :

Les membres du conseil de santé,

Heurteloup, Coste, Saucerotte, Bayen, Nufin,
Parmentier, Le Preux, Wignan, Sabatier, Verger,
Biron (Arch. nat. liasse F. 15.395).

A partir de ce moment s'engagèrent les combats
et les luttes ardentes entre les partisans du nouvel
hôpital et leurs adversaires, conservateurs intéressés;
c'est alors que furent dressées les difficultés, amon-
celés les obstacles contre l'établissement définitif
du Val-de-Grâce. Cependant tout est préparé; les
hôtes seuls manquaient à la grande demeure prête à
les recevoir, et ce n'est que quatre mois plus tard que
ses portes hospitalières purent enfin s'ouvrir, renversant le groupe des jaloux qui s'appuyaient contre elles.

C'est donc dans les derniers jours du mois d'octobre 1795, ou dans les premiers jours du mois de
novembre, que le Val-de-Grâce, devenu hôpital militaire de Paris, reçut d'abord les malades évacués du

Gros-Caillou, et puis chaque jour, ceux de la garnison de Paris.

J'ai dit qu'à la date du 7 brumaire an IV (29 octobre 1795) vingt chirurgiens et médecins, et dix
pharmaciens furent nommés à l'hôpital du Val-de-
Grâce. Voici les noms des trois officiers de santé en
chef : Percy (Pierre-François) chirurgien; Gilbert
(François) médecin; Bruloy (Sabin-Joseph) pharmacien. A cette époque et depuis, jusqu'à l'année 1852,
les trois officiers de santé les plus anciens de chaque
spécialité alternaient pour la chefferie de l'hôpital,
dont ils étaient titulaires à tour de rôle chacun pendant trois mois.

Dans la même nomination les seuls noms qui aient
conservé une juste notoriété, et qu'il est intéressant
de signaler, sont les noms de Desgenettes, de Barbier, de Saucerotte; ils étaient chirurgiens ou médecins en second.

Percy, éloigné pour un motif que j'ignore, sans
doute retenu aux armées combattantes, ne rejoignit
pas ce poste qui lui avait été désigné, et, par le fait,
il n'a jamais paru au Val-de-Grâce. Il est probable
qu'il en fut de même du pharmacien Bruloy. Sa nomination, inscrite sur un registre officiel est pourtant certaine, mais Desgenettes ne le cite pas dans
ses mémoires, et rapporte que le premier pharmacien en chef fut Brogniart.

Le chirurgien Noel fut nommé à la place de Percy.
Il avait été chirurgien-major à un régiment d'infan-
terie, puis chef du service de santé dans l'expédition
des Indes aux ordres du comte de Bussy. Il sortait

de l'armée du Nord, quand un arrêté spécial du Directoire l'appela au Val-de-Grâce. Desgenettes dit de lui: « homme instruit, judicieux, franc et loyal, il ne lui manqua, pour occuper avec succès la place qu'il avait obtenue à Paris, que d'avoir pratiqué davantage la chirurgie. » Ce dernier trait est bien joli dans sa cruauté.

Noel ne resta pas longtemps au Val-de-Grâce, à cause d'une fâcheuse aventure qui lui arriva; elle est racontée par Desgenettes. Un pauvre soldat, atteint de la maladie de la pierre, arriva à l'hôpital dans un état déplorable, épuisé, cachectique; néanmoins Noel se décida à l'opérer. La chose étant d'importance, le commissaire des guerres, M. d'Hillerin, assista à l'opération, en uniforme, porteur de ses insignes. Noel était fort ému, ses mains tremblaient, les tenettes n'arrivaient pas à saisir le calcul. Le commissaire des guerres, sensible et impressionné, demandait à chaque instant si ce n'était pas fini. L'opération dut rester inachevée; le patient fut porté dans un bain, et il mourut bientôt. M. d'Hillerin ne pardonna pas à l'infortuné Noel les moments anxieux par lesquels il avait passé, et adressa au ministre un foudroyant rapport, sur le vu duquel le Directoire prononça la destitution du chirurgien en chef, premier professeur au Val-de-Grâce.

Le conseil fit agréer Dufouart en remplacement de Noel congédié.

A la date du 18 pluviôse an IV (28 janvier 1796), on trouve la nomination au Val-de-Grâce de Larrey (Dominique-Jean), chirurgien de 1re classe; il fut chargé

de professer l'anatomie. Mais il n'a rempli ses doubles
fonctions de chirurgien et de professeur que pendant
un an et quelques mois. D'abord il fut envoyé à
l'armée d'Italie, comme chirurgien en chef adjoint
le 25 avril 1797, et il revint au Val-de-Grâce le 16 octobre de la même année.

Puis, dans les premiers mois de l'année 1798,
il dut se rendre à Toulon, avec la mission d'orga-
niser le service des secours médicaux pour l'expédition d'Égypte. Pendant tout le cours de son active
et brillante carrière Larrey aimait à rappeler qu'il
avait été professeur au Val-de-Grâce. Ce fut toujours pour lui un titre précieux.

Méhée, dont le nom est honorablement connu,
faisait aussi partie du personnel de l'hôpital dans
cette période de début. Desgenettes a tracé son portrait en quelques lignes. « Le docteur Méhée ne fut
chargé d'aucun cours, et comme il faisait pendant
six mois de l'année sa visite à quatre heures du matin, personne ne suivait sa pratique. C'était un homme
de bien; il devait sa position au Val-de-Grâce, peu
en harmonie avec ses talents, au crédit de son fils.
Galant homme, philosophe, philanthrope, se croyant
du goût pour les arts, il faisait de mauvais vers à ses
poules et à leurs œufs. Il publia, plus tard, un ouvrage sur les plaies d'armes à feu, en prenant le titre
de professeur de l'hôpital militaire de Paris. »

Le nombre des malades fut tout de suite considé-
rable; ainsi j'ai relevé sur le plus ancien registre
conservé aux archives de notre hôpital les chiffres
des journées de traitement pendant quelques mois

de l'an IV (1795-1796), ils sont assez élevés :

Pluviôse	3035
Ventôse	2487
Germinal	2189
Floréal	2472
Prairial	2987
Messidor	2248

Il y eut 250 entrants dans le mois de pluviôse, et 340 dans le mois de ventôse. On peut juger par ces quelques chiffres de ce qu'était alors le mouvement habit uel des soldats hospitalisés.

Il est répété sur plusieurs pièces officielles que l'hôpital du Val-de-Grâce pouvait contenir 1000 à 1200 malades. A une certaine époque, longtemps après sa fondation, il devint insuffisant. Le 15 octobre 1818, l'administration des hôpitaux acheta, à Picpus, un vaste local où trouvaient place près de 600 lits, pour servir de succursale au Val-de-Grâce. L'hôpital militaire de Picpus a existé jusqu'en 1830. Les deux officiers de santé en chef, Audouard, médecin ordinaire, et Grosse (Pierre), chirurgien-major, sont restés à la tête de cet établissement pendant les douze années de son fonctionnement. Exemple de stabilité bien rare aujourd'hui.

L'hôpital du Val-de-Grâce recevait seulement les blessés et les fiévreux; quant aux galeux et consorts ils étaient traités à l'hôpital de Saint-Denis. Cette ville s'appelait alors Franciade. Le nom Saint-Denis évoquait trop de souvenirs religieux et royaux; il avait fallu le changer.

Quelques historiens mal informés ont écrit, renversant les termes, que le Val-de-Grâce était consacré aux maladies spéciales. Il n'en était rien. Mais ce qui est bien sûr c'est qu'à une certaine époque on a voulu supprimer l'hôpital de Saint-Denis, le fondre dans celui du Val-de-Grâce, et que d'actives démarches, de puissantes influences ont empêché l'exécution de ce dessein.

Un registre de correspondance, conservé dans les archives du Val-de-Grâce, nous renseigne curieusement à ce sujet. Par arrêté des consuls, du 23 nivôse an X (13 janvier 1802), il fut décidé que l'hôpital de Saint-Denis, de galeux et consorts, serait évacué sur celui du Val-de-Grâce. Les directeurs de ce dernier hôpital accusent réception de cet arrêté, et présentent quelques observations dans trois lettres du 1er, du 3 et du 4 pluviôse (21, 23 et 24 janvier 1802). Puis, par lettre du 5 pluviôse (25 janvier), ils annoncent que le Val-de-Grâce est prêt à établir 1000 lits, que l'emplacement est disposé. Il n'y aura donc plus qu'un seul et même hôpital pour une seule et même garnison. En attendant, les militaires atteints des affections spéciales entrent directement au Val-de-Grâce, ainsi que nous l'apprend une lettre du 12 pluviôse an X (1er février 1802) : « après l'arrêté il s'est présenté ici des galeux et autres, on les a reçus, et on leur a affecté des effets mobiliers du service ordinaire. Le conseil vous invite à ordonner le versement des effets destinés aux deux espèces de maladies qui seront désormais traitées dans notre hôpital. »

La translation paraissait donc bien décidée, prête à

s'effectuer. Cependant par un nouvel arrêté des consuls du 17 pluviôse (8 février), la réunion de l'hôpital
de Saint-Denis à celui du Val-de-Grâce est suspendue.
Bientôt, un dernier arrêté, du 13 ventôse (4 mars 1802)
vient rapporter celui du 23 nivôse, et Franciade conserve son intéressant hôpital.

Beaucoup d'agitation, résultat nul. La réunion
projetée était avantageuse à tous les points de vue;
de petites intrigues l'ont empêchée.

Certes, à toutes les époques, les gens ont toujours
montré un vif attachement pour les places qu'ils occupent, mais rarement attachement fut aussi justifié
que pendant la période agitée qu'on traversait alors.
Les moyens d'existence n'étaient pas communs;
quand des privilégiés en avaient trouvé un auquel
s'accrocher ils s'y cramponnaient en désespérés. Les
vastes établissements comme les hôpitaux peuvent
fournir à un grand nombre de personnes de petites
occupations, de petits travaux rémunérateurs pour
lesquels il n'y a pas besoin d'apprentissage; il est
aussi plus facile qu'ailleurs de s'y dérober aux recherches indiscrètes ou haineuses. On comprend que
les affamés et les suspects défendissent leur refuge
avec une impitoyable énergie.

Il est bien sûr que plus d'un religieux renvoyé de
son couvent, plus d'un prêtre menacé dans son état,
ont dû trouver dans les hôpitaux un asile discret et
le pain de la vie.

Desgenettes raconte à ce propos une assez curieuse
anecdote. La chose s'est passée le jour même de son
mariage, dans l'église Saint-Jacques du Haut Pas.

La cérémonie avait été célébrée de bonne heure par
un prêtre assermenté, et la messe étant terminée, les
nouveaux époux se rendirent à la sacristie, suivis des
gens de la noce, comme on fait d'habitude. En même
temps qu'eux entrait un prêtre qui venait de dire sa
messe. Pendant qu'il se dépouillait de ses vêtements
sacerdotaux Desgenettes jeta machinalement ses re-
gards sur lui, et il reconnut, à son grand et gai
ébahissement, un des aides pharmaciens du Val-de-
Grâce. Le pieux personnage disait ainsi sa messe
chaque matin avant d'aller faire son service. Cette
association singulière de deux états bien différents,
le spectacle de cet homme à la fois prêtre et pharmacien, porte l'esprit à une douce gaîté.

Je ne sais pendant combien de temps l'hôpital de
Saint-Denis fut conservé, mais en 1808 il existait encore avec son caractère spécial. Le commissaire ordonnateur écrit, le 12 avril 1808, au commissaire des
guerres Fradiel, que les chevaux-polonais et les
fusiliers de la garde seront traités aux hôpitaux militaires du Val-de-Grâce et de Saint-Denis.

Les quelques documents de nos archives et des
journaux de l'époque ne mentionnent aucun fait particulier ou intéressant sur le fonctionnement intérieur de notre hôpital; nous devons donc croire qu'il
évoluait dans les conditions habituelles et normales.
La direction de l'établissement, le mode de son administration ont dû changer plusieurs fois. Le 8 vendémiaire an VII (30 septembre 1798), une décision
du Directoire, promulguée par le ministre de la guerre
Scherer, mit les hôpitaux militaires en régie inté-

ressée. Puis, ils furent dirigés par un conseil d'administration, sous la dépendance d'un directeur central des hôpitaux militaires. Un arrêté des consuls (15 frimaire an IX, 4 décembre 1800) déclare que les fonctions du directoire central et des conseils d'administration sont purement civiles. Enfin, un décret impérial du 10 avril 1806 supprime les conseils d'administration; ils seront remplacés par un seul fonctionnaire, chargé, sous la dénomination d'inspecteur, de la surveillance du service administratif, et par un économe comptable, qui sera tenu de fournir un cautionnement en immeubles.

Disons en passant que la Convention avait décrété (28 nivôse an II, 19 janvier 1794) que les linges provenant des églises supprimées seraient mis à la disposition des hôpitaux militaires.

Le service des salles, des bâtiments, était assuré par un nombreux personnel. Une loi, délibérée par l'Assemblée nationale, à la veille de sa dissolution, le 19 septembre 1792, ordonnait que les veuves et orphelines des défenseurs de la patrie tués à la guerre, seraient de préférence employées pour le service des infirmeries invalides et des hospices militaires. Veuves ou non, beaucoup de femmes s'établirent dans les maisons qu'on leur ouvrait ainsi. La besogne était bien médiocrement faite. Le registre des correspondances nous transmet les plaintes amères de l'économe du temps. « La véritable économie, dit-il, serait celle de tout le gaspillage qu'entraîne la multiplicité des individus. Qu'on compare le service fait anciennement dans nos hôpitaux civils par un si petit nombre de filles de la charité aidées par quelques hommes de force, et l'économie se révolte de cette nuée d'infirmiers et de sous-employés multipliés dans les hôpitaux militaires » (15 thermidor an VIII, 3 août 1800). Et cependant, ajoute-t-il, le Val-de-Grâce doit, par sa position à Paris, devenir le modèle des réformes que le gouvernement croira devoir tenter.

Comme aujourd'hui, le plus mince employé se disait fonctionnaire de l'Etat. L'histoire du balayeur Schmitz est vraiment comique. Le balayeur Schmitz, très mauvais serviteur, s'adresse au directoire central, au premier Consul, demandant que sa place soit rendue inamovible. Le chef de l'Etat invité à décréter l'inamovibilité d'une place de balayeur ! Ces choses-là ne s'inventent pas. (Lettre du 23 thermidor an VIII, 11 août 1800.)

A propos d'une réclamation de la maîtresse lingère, la dame Vendome, l'économe écrit que trois de ces lingères ne sont pas de véritables ouvrières, mais des dames logées et nourries abusivement à l'hôpital, qui n'étant surveillées par personne ne travaillent qu'autant que bon leur semble. (Lettre du 29 vendémiaire an X ; 21 octobre 1801.)

La situation des directeurs devait être bien difficile, d'autant plus que l'argent leur manquait souvent et qu'ils n'avaient pas de crédit. Leurs lamentations sur ce douloureux chapitre reviennent à plusieurs reprises dans le registre de correspondance. Quand il fallait refuser des denrées de trop mauvaise qualité, on ne savait comment s'en procurer d'autres, faute d'argent pour les payer comptant, faute de crédit auprès d'un fournisseur à terme. Non, ils n'étaient pas heureux. Il faut aussi entendre leurs plaintes désolées contre ceux avec qui l'hôpital a passé des marchés imprudents. « Tout ne rentrera dans l'ordre qu'autant qu'on s'adressera aux hommes de la chose, et non point à ces entrepreneurs banaux n'ayant aucun caractère, qui ne connaissent point la denrée qu'ils vendent, et pour qui la chose publique est une vache à lait dont ces messieurs tirent 8 à 10 pintes cent, et tarissent ainsi les mamelles. » (Lettre du 15 fructidor an VIII ; 2 septembre 1800.)

Qui lirait aujourd'hui ces lignes, non datées, pourrait les croire écrites d'hier. Les entrepreneurs banaux sont encore le fléau de nos adjudications.

La question des logements est aussi une source abondante de tracas pour les infortunés administrateurs. La plupart des personnes composant le haut personnel de l'hôpital avaient été logées aux frais de l'État, par les soins du ministre de la guerre Petiet, les uns, les plus élevés en grade, dans les bâtiments du Val-de-Grâce, les autres dans un vaste et beau local situé rue d'Enfer, l'ancien hôtel de Saluces. Mais il y eut des mutations, des changements d'emploi, et les familles ne voulaient pas déguerpir quoique leur chef, le titulaire du logement, ne fût plus présent. D'autres, qui s'étaient emparés d'une chambre, ne consentaient pas à la quitter. « Madame Desgenettes, dont le mari est en Egypte, occupe onze pièces, dont cinq chambres et six cabinets ; faveur très onéreuse au gouvernement qui paie un logement aux officiers de santé qui pourraient occuper l'apparte-

ment de Mme Desgenettes. De plus, des officiers de
santé de 1re classe, qui touchent le prix de leur loyer,
occupent abusivement l'un une chambre, l'autre trois.
Les gens logés ne veulent pas déloger, et les gens à
loger ne veulent pas se déplacer, aimant mieux toucher vingt-cinq francs par mois que d'avoir un logement. » (Lettre du 13 brumaire an IX, 4 nov. 1800.)

Autre plainte : « Cette maison, hôtel de Saluces, a
été mise à l'usage de l'hôpital dans un temps où la
multiplicité des domaines nationaux rendait cette
mesure si facile ; dès lors, les officiers de santé s'y
sont logés ; la maison n'est plus occupée aujourd'hui
qu'abusivement et sans autorisation dont on puisse
justifier. Cette maison ne paie aucune redevance au
domaine, et n'est entretenue ni par lui, ni par le génie. » (Lettre du 27 brumaire an X, 18 novembre
1801.)

J'estime que Mme Desgenettes et nos camarades
d'autrefois n'ont pas fait preuve alors d'une bien
consciencieuse discrétion.

La résistance la plus énergique contre tout dépla-
cement me paraît être celle d'un certain citoyen
Champion. Son histoire ferait vraiment le sujet d'un
poème héroï-comique. Au mois de pluviose an VIII
(janvier 1800), le citoyen Champion, économe de l'hôpital du Val-de-Grâce, avait été destitué pour quelques imprudences de comptabilité, et remplacé par
le probe citoyen Berton. Sous prétexte de comptes à
rendre, le citoyen Champion obtint de rester dans la
maison pendant un mois, et d'y conserver son logement. Le mois écoulé, la citoyenne Champion se

trouva enceinte et prête d'accoucher ; un nouveau
délai fut accordé par sentiment d'humanité. Les sui-
tes de couches furent difficiles ; encore un délai. Bref,
cinq mois s'étaient écoulés, et le citoyen Champion,
agent destitué, demeurait toujours dans la place. Il y
avait abus et inconvenance. Ne pouvant plus arguer
de l'état de santé de la citoyenne son épouse, complètement rétablie, il assura qu'une place lui était promise, et s'engageait à partir dès qu'il l'aurait obtenue.
Nouveau sursis. Cependant la nomination n'arrivait
pas, et Champion restait quand même. Enfin le conseil, à bout de patience, lui enjoignit de remettre les
clefs de son appartement au citoyen économe. Comme
il ne fut plus question de lui, j'aime à penser qu'il
s'est exécuté. N'importe, sa résistance fut opiniâ-
tre ; il devait partir au mois de janvier et ce n'est
qu'à la fin du mois de septembre qu'on pût le mettre
dehors, après huit mois de siège. (Lettres des 8 messidor, 3 thermidor, 15 thermidor an VIII, 7 vendémiaire an IX, 27 juin, 22 juillet, 3 août, 29 septembre 1800.)

Tous ces détails d'intérieur nous montrent les obstacles que rencontrait l'exécution courante du service. Les éléments essentiels faisaient défaut aux
directeurs de l'hôpital, l'argent, la bonne volonté des
serviteurs et surtout l'autorité.

Cela ne les empêchait pas de veiller à la salubrité
de l'hôpital. L'hygiène, dont on n'avait pas encore
fait une carrière, était cultivée par tous avec simpli-
cité, mais avec conviction. Ces candides d'autrefois
avaient déjà remarqué que la chaleur était le meilleur

désinfectant. Intuition du microbe avant sa démonstration. Ils écrivaient : « On se contente d'aérer les
vêtements des malades. Il n'y a que le feu qui puisse
opérer leur désinfection, surtout en appliquant le ca-
lorique d'une manière convenable. Il faut une caisse
en tôle dans laquelle on déposerait pendant douze
heures le vestiaire des soldats entrants ; cette caisse
serait chauffée par un des foyers de chaleur, si multipliés dans les hôpitaux. » (Lettre du 8 messidor an
VIII, 27 juin 1800.) Les congrès nationaux d'aujour-
d'hui répètent ces mots de nos anciens, mais avec plus
de sonorité. Quelles leçons de modestie nous donne
le passé !

Je ne sache pas que l'humble caisse en tôle ait jamais été construite, mais je puis dire que cette demande de l'an 1800 a été renouvellée quatre-vingt-
six ans après, avec une insistance convaincue, par
un ayant droit bien intentionné. On lui a répondu
par les meilleures espérances ; il a quitté le Val-de-
Grâce avant leur réalisation. Cependant le génie a
donné des arrhes ; il a étudié le terrain et établi des
plans.

D'autres petites faits, intéressants à un point de
vue différent, nous indiquent la modification de la
pensée publique, le retour à la simple appréciation
des choses, qui retrouve sa place quand le bon sens
général et la conscience du droit commun passent
leur puissant niveau sur les enthousiasmes révolutionnaires et leurs exagérations radicales.

Le conseil demande au directoire central que les
salles soient désignées par des noms de bataille au

lieu de l'être par des numéros. « Elles avaient jadis
des désignations patronymiques, lorsque ces institutions appartenaient de plus près à la religion ; depuis
elles en ont eu de révolutionnaires qui doivent cesser d'exister. » Lettre du 8 messidor an VIII ; 27 juin
1800.)

Le conseil demande encore que le jardin potager
soit rendu à l'hôpital ; il n'est loué que douze
cents francs, qui ne sont même pas payés. Et puis on
a attribué une trop grande partie au jardin botani-
que, « car la manie de l'instruction a succédé à la
manie du vandalisme » (Lettre du 4ᵉ jour complémentaire, an VIII, 21 septembre 1800). Manie de l'instruction ! C'est actuel.

Le 28 prairial an X (29 juin 1802), les malades
de l'hôpital signent une pétition à l'effet d'obtenir
que l'exercice du culte soit rétabli dans l'église du
Val-de-Grâce.

Bien des erreurs ont été imprimées à propos de
l'emploi de cette église depuis sa fermeture ; erreurs
de dates, sans grande importance, du reste. Il est
extrêmement probable que l'église est restée déserte,
inoccupée, jusqu'au mois de février 1804. Je n'arguë
pas de la pétition des malades, quoiqu'elle soit
mieux justifiée par l'état d'une église abandonnée
que par celui d'un monument servant de magasin,
j'apporte des documents recueillis aux archives nationales.

Le 5 vendémiaire an XII (27 décembre 1803), le
général Dejean, directeur de l'administration de la
guerre, écrit au ministre de l'intérieur que la maison

des Carmélites ayant été désignée pour servir de
caserne de cavalerie, il était indispensable que le
magasin central des hôpitaux établi dans cette maison fût transporté dans un autre local. Puis, un peu
plus d'un mois après, le 27 pluviôse an XII (16 février 1804), il écrit encore, qu'obligé de faire évacuer
tout de suite le magasin des hôpitaux militaires qui
doit servir au logement de la garde des consuls, il
demande à utiliser, comme magasin, les bas côtés
de l'église du Val-de-Grâce. Et, le 2 ventôse an XII
(21 février 1804), le ministre de l'intérieur lui répond
qu'il consent à ce que les bas côtés de l'église du
Val-de-Grâce soient occupés par les magasins des
hôpitaux militaires, les bas côtés seulement afin de
conserver la vue artistique de la nef et du chœur,
sous la condition qu'il sera pris des mesures pour
éviter toute dégradation.

Il n'est pas question de déplacer quoi que ce soit
dans l'église, ce qui indique qu'elle devait être vide,
et il est enjoint de prendre des dispositions pour em-
pêcher tout dégât, dispositions qui certainement
eussent été déjà prises si des objets quelconques y
avaient été déposés antérieurement.

On est surpris de voir le général Dejean s'adresser
ainsi au ministre de l'intérieur pour l'occupation de
cette église d'un hôpital militaire. C'est que depuis
la suppression des couvents, l'église de l'ancienne
abbaye du Val-de-Grâce avait été placée dans les
attributions du ministre de l'intérieur, comme *monu-*
ment conservé sous le rapport de l'art. L'hôpital
dépendait du ministre de la guerre, et l'église du

ministre de l'intérieur. Cette dualité de possession a suscité quelques conflits entre les deux ministères. Des réparations à la grande grille sur la rue Saint-Jacques étant devenues nécessaires, ni la guerre, ni l'intérieur ne voulaient les exécuter. La guerre prétendait que la grille était une décoration en avant de l'église, entrant dans les charges du ministre de l'intérieur, et l'intérieur répliquait que la grille et la cour étaient des dépendances de l'hôpital, que les charrettes, les convois entrant dans l'hôpital heurtaient la grande barrière, ébranlaient ses piliers, et que l'hôpital devait réparer les dégâts dont il était cause. (Lettre du 27 pluviôse an XIII, 8 janvier 1805.)

Une décision de l'Empereur fit cesser ce douteux état de choses. Par décret du 12 mars 1808, l'église du Val-de-Grâce passa au département de la guerre, à partir du 1er avril 1808. Pourtant ce fut seulement le 27 avril 1809 que, sur la demande du ministre de la guerre, le ministre de l'intérieur chargea un de ses architectes, probablement Legrand, qui était alors architecte des monuments publics conservés sous le rapport de l'art, de faire la remise officielle et contradictoire de cet édifice, ce qui a été exécuté peu de jours après. (Rapport du ministre de l'intérieur, 10 décembre 1809.)

A cette époque-là, l'église du Val-de-Grâce était affectée à la pharmacie centrale des hôpitaux militaires, mais elle demeurait toujours l'entrepôt de certains effets militaires. Des lettres de 1807 et 1809 demandent des réparations aux fenêtres du dôme, dont

les carreaux brisés donnent passage à la pluie, qui
altère les peintures, et nuit aux effets des hôpitaux
déposés dans l'église.

Baudens dit que la chapelle du Saint-Sacrement
servit de dépôt des morts et de salle de dissection
pour les élèves de l'hôpital. Je ne sais quelle est la
source de ce renseignement, j'aurais aimé à la retrouver. C'est que les abords de cette chapelle ne sont
pas larges aujourd'hui ; une civière portée par deux
hommes aurait grand'peine à passer par les corri-
dors qui y conduisent. Sans doute, les dispositions
étaient différentes.

Nous avons déjà dit que l'église, après avoir longtemps servi de magasin, fut rendue au culte le 16 avril
1826. La chapelle du Saint-Sacrement, lorsqu'elle
cessa d'être un dépôt des morts, si elle l'a jamais été,
fut utilisée comme entrepôt d'effets ; elle ne se rou-
vrit qu'à la fin de 1855, sur la demande adressée à
M. l'inspecteur général Genty de Bussy, par Mme la
supérieure des sœurs de Saint-Vincent de Paul, établies à l'hôpital depuis le 16 mai de la même année.
C'est aujourd'hui la chapelle particulière de la communauté.

Dans les premiers jours de l'année 1807, l'hôpital
du Val-de-Grâce courut un grand danger. Le 6 janvier 1807 un décret impérial ordonna le percement
de la rue d'Ulm, et son prolongement à travers le
jardin du Val-de-Grâce. Heureusement le ministre
de la guerre, Clarke, duc de Feltres, opposa à l'exécution du projet impérial une énergique résistance,
qui fut couronnée de succès. Dans un long rapport,

du 8 juin 1808, intelligemment motivé, il demande l'ajournement de la partie du projet qui fait passer cette rue par le jardin de l'hôpital ; ce serait la suppression du promenoir des malades, ce serait une atteinte funeste à la salubrité de l'établissement hospitalier.

Cette salubrité, bien connue, le Val-de-Grâce la doit surtout à ces grands jardins, à ces vastes espaces au milieu desquels sont plongées, pour ainsi dire, les salles de malades. Aussi tous les médecins en chef qui se sont succédé, les médecins inspecteurs dans leurs revues, ont-ils toujours défendu les jardins contre l'érection du plus modeste bâtiment. Ce serait grand dommage si, un jour, quelque esprit plus aventureux que clairvoyant, séduit par la pensée d'une amélioration spécieuse, ou quelque caractère mobile et indécis, cédant à une pression mal avisée, abandonnaient ces terrains précieux à l'envahissement des constructions.

En même temps qu'il était une maison de secours pour les soldats malades le Val-de-Grâce devait devenir un foyer d'instruction. Les hommes du gouvernement estimaient alors que la première qualité demandée à un médecin était qu'il fût habile dans l'art de guérir. Bien des gens au pouvoir, mais pas tous malheureusement, partagent encore cet avis. Le décret du 7 août 1793 porte que les hôpitaux militaires seront divisés en hôpitaux d'instruction, et hôpitaux fixes, etc., et qu'il sera formé dans les hôpitaux de Lille, Metz, Strasbourg et Toulon, des cours de science et de pratique, sous la direction du

conseil de santé central ; les hôpitaux serviront à
la fois d'hospices pour les malades, d'écoles pour les
officiers de santé. Rappelons, en passant, qu'une
vieille ordonnance royale, du 1er janvier 1747, avait
déjà créé les premiers hôpitaux d'instruction.

La loi du 22 février 1794 ordonne que des cours
d'instruction seront établis dans les hôpitaux dont
la position paraîtra convenable, d'après l'avis motivé
de la commission de santé. Puis, un règlement du
26 prairial an IV (15 juin 1796), décida que l'hôpital du Val-de-Grâce à Paris, fondé l'année précédente par le conseil de santé, que ceux de Metz,
Lille, Strasbourg et Toulon deviendraient des hôpitaux d'instruction. L'hôpital du Val-de-Grâce est ici
nommé pour la première fois ; il est vrai qu'il n'existait que depuis un an.

Décret, loi et règlement restèrent d'abord lettres
mortes, mais le 5 vendémiaire an V (27 septembre
1796), le ministre de la guerre désirant mettre promptement en activité les cours d'instruction sur les
diverses parties de l'art de guérir, établis dans les
grands hôpitaux militaires désignés, donna des ordres pour que le fonctionnement de ces hôpitaux-
écoles commençât sous peu de jours.

Le Val-de-Grâce ne tarda guère à se conformer à
la décision du ministre. La leçon d'ouverture fut
faite par le vénérable Coste, le 1er brumaire an V
(22 octobre 1796).

Les hôpitaux d'instruction eurent une assez courte
existence ; ils vécurent six ans seulement. Un arrêté
du premier Consul, le 9 frimaire an XII (30 novem-

bre 1803), les supprima sans plus de façons. Ils ne devaient plus se rouvrir pendant tout le règne impérial.

Cependant l'administration de la guerre affirmait son désir et sa volonté de conserver un utile enseignement aux jeunes médecins militaires. Le général Dejean, le 3 frimaire an XIII (24 novembre 1804), fait passer une circulaire portant que l'intention du gouvernement est que l'on s'occupe dans tous les hôpitaux militaires de l'empire de l'instruction des élèves qui y sont employés. « Je désire surtout que l'on profite de la saison actuelle pour les dissections, et pour former les jeunes chirurgiens au manuel des grandes opérations. » Le général directeur manifestait ainsi ses bonnes intentions, qui ne pouvaient être suivies d'aucun effet, car chacun sait ce que vaut un enseignement sans réglementation, abandonné au libre arbitre, à la bonne volonté de tous Il est vrai qu'une simple manifestation, venant à son heure, suffit souvent à satisfaire l'opinion publique.

Quelque temps après la rentrée des Bourbons une ordonnance du roi, du 30 décembre 1814, érigea en hôpitaux d'instruction les quatre hôpitaux militaires du Val-de-Grâce, de Lille, Metz et Strasbourg. Mais elle se perdit bientôt au milieu du bouleversement de notre pays à la suite des événements des cent jours, et ne reçut son exécution que beaucoup plus tard. Ce fut seulement le 17 avril 1816 que les hôpitaux militaires d'instruction furent ouverts par un règlement du ministre de la guerre, fixant le mode d'enseignement, la nature et la distribution des cours.

Ce nouvel état de choses dura vingt ans, et le 12 août 1836, par ordonnance du roi, le Val-de-Grâce devint hôpital de perfectionnement, les hôpitaux de Lille, de Metz et Strasbourg demeurant hôpitaux d'instruction.

En 1848, aux premiers jours de la deuxième république, on fit un large remaniement des institutions de la médecine militaire. Le 3 mai 1848 parut un décret portant réorganisation du corps de santé de l'armée. Cette réorganisation ne s'effectua que sur le papier.

Mais un autre décret du 23 avril 1850, et celui-là fut exécuté, supprima l'hôpital de perfectionnement du Val-de-Grâce, ainsi que les hôpitaux de Lille, Metz et Strasbourg, comme établissements d'instruction, à dater du 1er mai 1850.

On avait fait table rase. Il fallait reconstruire. Cela ne fut pas l'affaire d'un jour. Il y eut abondance de décrets. Le premier du 9 août 1850, général d'Hautpoul ministre de la guerre, fonda au Val-de-Grâce une école unique, sous le titre d'école d'application de la médecine militaire; puis, le décret organique du 22 mars 1852 institua en principe l'école du Val-de-Grâce; enfin l'école fut organisée par le décret et le règlement du 13 novembre 1852. Les épreuves du concours d'admission s'ouvrirent à Montpellier le 1er décembre, à Strasbourg le 10 décembre, et à Paris le 24 décembre 1852. Le fonctionnement de la nouvelle école commença dans les premiers jours du mois de février 1853.

Sauf quelques modifications dans la distribution de l'enseignement, dans le service intérieur, l'école est restée la même depuis le jour de sa fondation jusqu'à aujourd'hui.

L'hôpital et l'école du Val-de-Grâce sont deux institutions distinctes, chacune vivant de sa vie propre; mais elles se rapprochent par tant de côtés, elles se confondent, elles se mêlent avec une telle intimité, que l'on ne peut guère parler de l'une sans s'occuper un peu de l'autre. Aussi, quoique ne racontant pas l'histoire de l'école, j'ai dû brièvement indiquer les étapes successives de l'enseignement au Val-de-Grâce, depuis l'hôpital d'instruction de 1796 jusqu'à l'école d'application de l'heure présente.

Pendant longtemps l'ancienne maison du monastère parut suffisante pour le service de l'hôpital. Un moment vint où la science hygiénique naissante, mais déjà en progrès, décida la construction de nouveaux bâtiments. Il fallut faire le sacrifice de bien beaux arbres, semblables à quelques-uns de ceux qui donnent encore leur ombre, heureusement respectée, dans le jardin des officiers. On construisit donc en plein parc, pour y installer des salles de malades, dans d'excellentes conditions, du reste, les bâtiments désignés par les lettres A, B et C. Le bâtiment C fut établi le premier, en 1839 et 1840, puis les deux bâtiments A et B s'élevèrent en 1840 et 1841. La buanderie, placée au fond du jardin potager, a été entreprise et terminée dans la période de 1857 à 1860, non sans l'énergique mais impuissante opposition de l'élément médical de l'hôpital, qui redoutait en elle une

cause d'infection permanente, et défendait l'étendue
des terrains plantés et non bâtis.

Nous n'avons aucune observation particulière à
faire sur le fonctionnement intérieur de l'hôpital du
Val-de-Grâce depuis sa fondation jusqu'à nos jours.
Pendant les guerres du premier et du second empire,
pendant l'invasion de 1814 et 1815 il a reçu un grand
nombre de blessés et de malades de toutes sortes, et
de diverses nationalités. Lors du siège de Paris par
l'armée allemande, à la période du bombardement,
le Val-de-Grâce n'a pas été épargné. Un drapeau
blanc, avec la croix rouge, avait pourtant été hissé
sur le dôme de l'église. Je me suis renseigné à ce
sujet auprès de plusieurs témoins oculaires, en particulier M. le Dr Mounier, médecin-major de 1re
classe, M. Capuran qui était à cette époque l'officier
d'administration principal comptable de l'hôpital.
Il m'a été raconté que plus de trois cents obus prus-
siens étaient tombés dans les cours, dans les jardins,
sur les bâtiments du Val-de-Grâce; mais ils n'ont
causé que fort peu de dégâts. Cependant un malade
occupant une des salles du bâtiment A, a été tué
dans son lit par un obus; un projectile a aussi éclaté
dans un des bureaux de l'administration, où il a blessé
légèrement plusieurs personnes.

Pendant le règne de la Commune l'hôpital du Val-
de-Grâce continua à fonctionner comme en temps
ordinaire. Les hommes du pouvoir d'alors nous in-
quiétèrent fort peu, s'occupant à peine de nous. Entre
temps une escouade de gardes nationaux descendit
dans les catacombes, pour y chercher les armes qui

devaient y être cachées. On se rappelle la manie des
gens de la Commune : toute cave de monument public renfermait des fusils, tout caveau de couvent
recélait des instruments de torture et des squelettes
au carcan, sur le sol s'ouvraient des oubliettes, et
des portes masquées fermaient des allées souter-
raines conduisant d'un couvent d'hommes à un couvent de femmes. L'escouade, bien entendu, ne décou-
vrit pas même un canif, un bistouri, devrais-je dire ;
elle en prit de l'humeur contre l'officier comptable,
M. Capuran, et il s'en fallut de peu, paraît-il, que
cet honnête père de famille ne fût passé par les
armes.

La population de l'hôpital se maintenait fort nom-
breuse, car d'une part nous conservions dans nos
salles tous les soldats hospitalisés, même guéris,
afin de ne pas les livrer au recrutement de l'armée
de la Commune, et d'autre part nous recevions bon
nombre de malades de cette armée improvisée. Le
service médical s'exécutait fort régulièrement, sous
la direction de M. Mounier, médecin en chef; nos infirmiers ne nous affligèrent d'aucun acte de révolte
ou d'insubordination. Un seul, étudiant en pharmacie,
je crois, disparut un beau jour, et devint, nous a-t-
on dit, le directeur suprême des services de santé de
la capitale, quelque chose comme un intendant général en service extraordinaire. C'était un garçon
d'esprit ; j'imagine qu'il se sera confiné dans quelque
opulent bureau, et qu'il aura porté un brillant uniforme ; il a eu le bon goût de ne pas nous le montrer.
J'ignore ce qu'il est devenu.

Mais si l'existence de notre hôpital a été relativement calme pendant les premières périodes de cette
époque agitée, il n'en a pas été de même à ses dernières heures. Alors la vie des hommes a couru des
dangers et les monuments ont été menacés de graves
mutilations.

Le lundi, 22 mai, jour de la première attaque des
troupes de Versailles, un membre de la Commune,
jeune homme alerte et d'intéressante figure, arriva
de bonne heure au Val-de-Grâce. Il portait en sau-
toir le large ruban rouge, insigne de sa position et
marque de son autorité, un chassepot en bandou-
lière, et un revolver à la ceinture. Du reste, pas de
costume militaire, mais un veston correct, et, je me
le rappelle, un chapeau de haute forme. La mise convenable, quoique sans gêne, d'un courtier de haut
commerce. Il conduisait sa troupe, composée de ceux
qu'on appelait les vétérans de la garde nationale;
braves gens de cinquante à soixante ans, dont les
allures étaient bien peu guerrières. Pendant deux
heures environ il s'agita beaucoup, et fit, je le suppose d'excellente besogne. Les circonstances m'ayant
rendu chef de l'hôpital, par intérim, je dus, pour les
choses du service, m'entretenir fréquemment avec
lui. Nos relations d'une heure furent des plus cour-
toises, nous nous disions : monsieur, et non pas :
citoyen. Il quitta notre hôpital pour s'occuper des
barricades. Depuis je ne l'ai jamais rencontré.

Les choses demeurèrent en état pendant les journées du lundi et du mardi. Les vétérans paraissaient
prendre un médiocre souci de leurs fonctions, non

plus que de nos personnes; ils étaient peut-être nos gardes, mais non pas nos geôliers. Leur troupe, du reste, diminuait à vue d'œil. De tous ceux qui trouvaient le prétexte ou l'occasion de s'éloigner nul ne revenait.

Le mercredi, 24 mai, les troupes de l'armée de Versailles continuant leur mouvement progressif et concentrique commencèrent l'attaque du quartier que nous habitions. Quelques-uns m'ont raconté qu'à ce moment le personnel de l'hôpital fut en terrible péril, que l'ordre était donné de nous fusiller tous. Je n'oserais affirmer le bien-fondé de cette intéressante chronique, n'ayant recueilli à son sujet aucune assertion positive et certaine. La chose est possible, car à ses derniers moments la Commune procéda libéralement à bien des exécutions sommaires. Si le danger était vraiment suspendu sur nos têtes il a passé sans les toucher, et, demeurant inconnu, il n'a pas excité chez nous les sensations nerveuses d'une anxiété justifiée.

Vers neuf heures du matin deux obus, lancés à une minute d'intervalle, passèrent, en les effleurant, pardessus les toits de l'hôpital. Dix à douze minutes après, deux autres obus nous arrivèrent encore, et il en fut ainsi jusqu'à trois heures du soir. Une petite salve de deux coups de canon était tirée toutes les dix minutes, et fort régulièrement le Val-de-Grâce recevait ses deux obus. Il en reçut soixante-dix-huit ou quatre-vingts. La plupart tombèrent dans les jardins et dans les cours, quelques-uns vinrent frapper les murs; un côté de l'église conserve encore une assez large trace des coups ainsi portés; mais aucun n'éclata dans les salles de malades, dans les endroits peuplés. C'est une chose assez singulière que quatre-vingts obus, tombant et éclatant dans un espace aussi rempli que l'était alors le Val-de-Grâce, n'arrivent à tuer ni à blesser personne.

Les dégâts matériels sont restés peu étendus. Il y eut cependant un commencement d'incendie allumé par un obus qui avait crevé le toit de la matelas-serie; on l'éteignit rapidement. Quelques corniches de l'église tombèrent écornées, et un des anges de pierre qui entourent la base du dôme fut proprement coupé en deux.

A deux heures environ, nous entendîmes près de nous comme un formidable coup de tonnerre, et ce fut dans tout l'hôpital un indescriptible cliquetis d'éclats de verre pleuvant sur les dalles et sur les planchers. La poudrière du Luxembourg venait de sauter. Les cloisons et les murs n'étaient nullement endommagés par l'ébranlement, mais peu de vitres avaient résisté.

Trois heures sonnaient lorsqu'une troupe de soldats de marine, après avoir franchi les barricades avoisinantes, fit irruption dans notre hôpital. Un puissant murmure de soulagement et de satisfaction l'accueillit en libératrice. Les vétérans avaient eu la prudence de s'éclipser. Pourtant un d'entre eux placé en sentinelle au fond du jardin potager ne trouva aucune issue pour s'échapper, et tomba entre les mains de ses adversaires. Ce fut bien malheureux pour lui.

Cependant le fait de ces obus ainsi lancés contre

le Val-de-Grâce restait une véritable énigme. L'armée de la Commune n'avait aucun intérêt à diriger ses projectiles contre un hôpital où se trouvaient bon nombre de ses soldats, et qui était encore en sa possession, défendu par les siens. Et puis les coups partaient d'un point que nous savions occupé par l'armée de Versailles; la direction des obus nous l'indiquait. C'était donc l'armée de Versailles, l'armée de la France, la nôtre, qui tirait ainsi sur nous! Enigme.

Il y avait eu erreur. Le soir même, le sergent concierge vint me dire que l'histoire des obus lui avait été racontée par un artilleur, et qu'ils venaient bien d'une batterie française. Je lui répondis presque vertement, refusant de le croire. Mais le lendemain un capitaine d'état-major qui s'était cassé la jambe en tombant de cheval fut confié à mes soins. Tout en lui appliquant un appareil, le mieux possible, je causais avec lui des affaires de la veille. Il n'y avait guère alors qu'un sujet de conversation; cela se comprend. Il me raconta ceci : Le général commandant l'attaque du cinquième arrondissement voulut, avant de lancer ses soldats, débarrasser un peu le terrain, et mettre un certain désordre dans les troupes de la Commune qu'il savait être massées autour du Panthéon. En conséquence, il donna l'ordre à une batterie d'artillerie d'envoyer des projectiles sur le point ainsi occupé. Le commandant X..., qui ne connaissait pas, il faut le croire, les monuments de Paris, renseigné, il faut le croire aussi, par des cartes d'une lecture difficile, prit le dôme du Val-de-Grâce pour celui du Panthéon, et ses projectiles se trompèrent

absolument de direction. Comme je manifestai mon
étonnement, le capitaine ajouta : j'ai dû porter moi-
même au commandant X...l'ordre du général de cesser
le feu, attendu que l'attaque dans les rues allait commencer; remarquant la direction de ses pièces, je lui
dis : Mais, mon commandant, est-ce que vous croyez
tirer sur le Panthéon? — Sans doute, me répondit-
il. — Vous vous trompez, c'est le Val-de-Grâce. — Le
Val-de-Grâce!... ah! N. d. D... je le bombarde depuis ce matin. C'est ainsi que le Val-de-Grâce faillit
s'émietter sous des obus lancés par des canons
amis.

Je crois qu'il n'est pas sans intérêt de donner ici
les noms de ceux qui ont dirigé le service médical
du Val-de-Grâce depuis sa fondation. Nous devons
rappeler d'abord que, jusqu'en 1852, la chefferie de
l'hôpital était exercée par quartiers, à tour de rôle,
par le plus ancien de chaque profession. A partir
de 1852 le pharmacien resta chef indépendant de sa
pharmacie, mais ne participa plus à la direction des
services médicaux. La division entre les médecins et
les chirurgiens n'exista plus comme appellation, et
il n'y eut dans un hôpital qu'un seul officier de
santé, le plus ancien des plus élevés en grade, qui
remplît les fonctions et portât le titre de médecin en
chef. Depuis l'application de la loi du 16 mars 1882
sur l'administration de l'armée, ce titre est : médecin
chef.

Voici la liste des médecins et chirurgiens en chef, et
médecins chef du Val-de-Grâce. Les dates sont
indiquées en chiffres ronds :

Médecins en chef par quartiers.

Gilbert, 1795 à 1805.
Desgenettes, 1805 à 1820.
Broussais, 1820 à 1837.
Gasc, 1837 à 1840.
Tyrbas de Chamberet, 1840 à 1844.
Alquié, 1844 à 1848.
Michel Levy, 1848 à 1851.
Maillot, 1851 à 1852.

Chirurgiens en chef par quartiers.

Noël, 1795 à 1796.
Dufouart, 1796 à 1814.
Barbier, 1814 à 1826.
Gama, 1826 à 1840.
Bégin, 1840 à 1843.
Baudens, 1843 à 1851.
H. Larrey, 1851 à 1852.

Médecins en chef.

H. Larrey, 1852 à 1858.
Laveran, 1858 à 1867.
Lustreman, 1867 à 1868.
Mounier, 1868 à 1871.
Godelier, 1871 à 1873.
Perrin, 1873 à 1879.
Colin, 1879 à 1881.
Gaujot, 1881 à 1882.
Villemin, du mois de juin au mois de nov. 1882.

Médecins chef.

Villemin, 1882 à 1885.
Servier, 1885 à 1887.
Poncet, 1887.

La superficie totale du Val-de-Grâce, hôpital et école, est de 7 hectares 53 ares 90 centiares ; dont pour l'hôpital, 6 hectares 62 ares ; pour l'école, 91 ares 90 centiares. La surface bâtie de l'hôpital est de 97 ares 20 centiares ; celle de l'école, 17 ares 90 centiares. La surface non bâtie de l'hôpital est de 5 hectares 64 ares 80 centiares ; celle non bâtie de l'école est de 74 ares.

L'hôpital contient 700 lits. Les salles pour les soldats et sous-officiers malades sont au nombre de 19 ; elles renferment 649 lits. Les divisions des officiers fièvreux et blessés, partagées en chambres et cabinets pour un ou plusieurs malades, renferment 45 lits. Il existe en plus six cabanons à un seul lit pour l'isolement des aliénés dangereux.

En temps ordinaire, le chiffre des malades oscille entre 300 et 500, distribués dans huit divisions. Le service médical et le service pharmaceutique sont assurés par les professeurs et professeurs agrégés de l'école. Les jeunes médecins et pharmaciens stagiaires tiennent, dans les salles et à la pharmacie, les emplois d'aides-majors. Les services administratifs sont remplis par sept officiers d'administration. Les fonctions relatives aux soins à donner aux malades, à l'entretien du linge, à la préparation des

aliments, sont confiées à des sœurs de Saint-Vincent-
de-Paul. Le nombre de ces Dames est habituellement
de 22. Rappelons que leur communauté a été ins-
tallée au Val-de-Grâce le 16 mai 1855. Le détache-
ment des infirmiers se compose ordinairement, avec
de fréquentes variations, de 150 soldats.

Parmi les nombreuses innovations de détail que
le Ministre de la guerre, général Boulanger, a intro-
duites dans l'armée, simple prélude de ses projets
de réorganisation, il en est une vraiment heureuse,
la fondation des salles d'honneur dans les casernes
et les établissements militaires. Chacune d'elles doit
renfermer ce que nous appelons le livre d'or du corps
ou du régiment, tableau où sont inscrits les noms de
ceux qui ont succombé en combattant l'ennemi. La
médecine militaire peut en présenter un d'une dou-
loureuse richesse. Un fait, à ce propos, qui
montre bien que l'hôpital du Val-de-Grâce est con-
sidéré par tous comme le représentant pour ainsi
dire attitré de notre corps de santé, c'est que, tandis
que personne dans les nombreux hôpitaux militaires
de France et d'Algérie ne songeait à établir ce livre
d'or, là on s'est mis tout de suite à l'œuvre, et la
chose a paru toute naturelle.

Je le transcris ici, sans oser affirmer qu'il soit complet. On pardonnerait aisément les omissions qu'on
y pourra signaler si l'on connaissait la multiplicité et
la difficulté des recherches qu'il a fallu faire pour
l'établir.

Suzini, chirurgien élève, Alger, 17 août 1835. Choléra.

Semidei, chirurgien élève, Alger, 17 août 1835. Choléra.

Debourges, chirurgien sous-aide, Alger, 24 août 1835. Choléra.

Sarre, aide-major, tué à la Makta, 1840.

Pelletier, chirurgien-major, tué dans un combat en Algérie, 1840.

Beugnde, chirurgien sous-aide, blessure mortelle, Algérie, 1840.

Arcelin, aide-major, tué à Biskra, 1844.

Rosazuti, aide-major, tué à l'affaire de Sidi-Brahim, 1845.

Poullain, chirurgien principal, Oran, 1849. Choléra.

Goedorp, médecin ordinaire, Oran, 1849, Choléra.

Julien, médecin ordinaire, Oran, 1849. Choléra.

Bellot, chirurgien sous-aide, Oran, 1849. Choléra.

Denis, chirurgien-major, Tenès, 1849. Choléra.

Donzinelle, chirurgien sous-aide, Tenès, 1849. Choléra.

Barra, aide-major, Tlemcen, 1849. Choléra.

Lallert, aide-major, Sétif, 1849. Choléra.

Jacquot, major-adjoint, Arzew, 1849. Choléra.

Dispot, chirurgien sous-aide, Arzew, 1849. Choléra.

Suirolle, chirurgien sous-aide, Gastonville, 1849. Choléra.

Sainte-Marie, chirurgien sous-aide, El-Arrouch, 1849. Choléra.

Balbien, chirurgien sous-aide, Aumale, 1849. Choléra.

Barbaud, chirurgien sous-aide, Mascara, 1849. Choléra.

Philippe, chirurgien sous-aide, Biskra, 1849. Choléra.

Pezet, aide-major, Philippeville, 1849. Choléra.

Roque, médecin stagiaire, Val-de-Grâce, 1854. Choléra.

Brunet, aide-major, Biskra, 1854. Choléra.

Plassan, médecin-major, 2e classe, Crimée, 18 juillet 1854. Choléra.

Stephani, médecin-major, Crimée, 18 juillet 1854. Choléra.

Musard, aide-major, Crimée, 20 juillet 1854. Choléra.

Clacquart, aide-major, Crimée, 20 juillet 1854. Choléra.

Dumas, aide-major, Crimée, 23 juillet 1854. Choléra.

Gérard, aide-major, Crimée, 28 juillet 1854. Choléra.

Lageze, médecin-major, 1re classe, Crimée, 11 août 1854. Choléra.

Pontier, médecin-major, 2e classe, Crimée, 11 août 1854. Choléra.

Bert, médecin-major, 2e classe, Crimée, 14 août 1854. Choléra.

Hahn, médecin-major, 1re classe, Crimée, 17 août 1854. Choléra.

Monier, médecin-major, 2e classe, Crimée, 18 août 1854. Choléra.

Michel, médecin-major, Crimée, 23 septembre 1854, Choléra.

Bailly, aide-major, Crimée, 27 septembre 1854. Choléra.

Dumeril, aide-major, Crimée, 17 octobre 1854. Fièvre typhoïde.

Beauchamp, médecin-major, Crimée, 7 novembre 1854. Choléra.

Foucault, aide-major, Crimée, 23 février 1855. Typhus.

Verneau, aide-major, Crimée, 27 février 1855. Typhus.

Ancinelle, médecin-major, Crimée, 4 mars 1855. Typhus.

Senaux, aide-major, Crimée, 10 mars 1855. Typhus.

Fratini, médecin-major, Crimée, 10 mai 1855. Typhus.

Mamelet, médecin-major, Crimée, 20 mai 1855. Typhus.

Barre, aide-major, Crimée, 20 mai 1855. Typhus.
Causse, aide-major, Crimée, 30 mai 1855. Typhus.
Couzier, aide-major, Crimée, 2 juin 1855. Choléra.
Robelain, aide-major, Crimée, 10 juin 1855. Choléra.

Mestre, médecin principal, Crimée, 29 juillet 1855. Choléra.

Michelet, aide-major, Crimée, 4 août 1855. Choléra.

Videt, aide-major, Crimée, 12 août 1855. Choléra.

Bouquerot, aide-major, Crimée, 5 octobre 1855. Typhus.

Marques, aide-major, Crimée, 16 octobre 1855. Choléra.

Tavernier, médecin-major, Crimée, 22 octobre 1855. Choléra.

Braunwald, médecin-major, Crimée, 22 décembre 1855. Choléra.

Brumens, médecin-major, Crimée, 4 janvier 1856. Typhus.

Masson, aide-major, Crimée, 22 janvier 1856. Typhus.

Leclerc, aide-major, Crimée, 3 février 1856. Typhus.

Lardy, aide-major, Crimée, 7 février 1856. Typhus.

Cordeau, aide-major, Crimée, 19 février 1856. Typhus.

Savaète, aide-major, Crimée, 20 février 1856. Typhus.

Dartigaux, aide-major, Crimée, 21 février 1856. Typhus.

Piaget, médecin requis, Crimée, 23 février 1856. Typhus.

Dulac, aide-major, Crimée, 25 février 1856. Typhus.

Girard, médecin-major, Crimée, 25 février 1856. Typhus.

Volage, médecin principal, Crimée, 25 février 1856. Typhus.

Sagne, aide-major, Crimée, 25 février 1856. Typhus.

Gueury, aide-major, Crimée, 28 février 1856. Typhus.

Forget, aide-major, Crimée, 28 février 1856. Typhus.

Ragu, aide-major, Crimée, 2 mars 1856. Typhus.

Miltenberger, aide-major, Crimée, 4 mars 1856. Typhus.

Bouquerot, aide-major, Crimée, 6 mars 1856. Typhus.

Peyrusset, médecin-major, Crimée, 12 mars 1856. Typhus.

Leker, aide-major, Crimée, 12 mars 1856. Typhus.

Molinard, aide-major, Crimée, 13 mars 1856. Typhus.

Felix, médecin-major, Crimée, 17 mars 1856. Typhus.

Rampont, médecin-major, Crimée, 18 mars 1856. Typhus.

Servy, aide-major, Crimée, 22 mars 1856. Typhus.

Precy, aide-major, Crimée, 23 mars 1856. Typhus.

Gillin, aide-major, Crimée, 24 mars 1856. Typhus.

Jacob, sous-aide, Crimée, 25 mars 1856. Typhus.

Perrin, aide-major, Crimée, 26 mars 1856. Typhus.

Berthemoy, médecin-major, Crimée, 26 mars 1856. Typhus.

Fournié, aide-major, Crimée, 31 mars 1856. Typhus.

Puel, médecin-major, Crimée, 2 avril 1856. Typhus.

Goult, médecin-major, Crimée, 4 avril 1856. Typhus.

Moulinier, médecin-major, Crimée, 10 avril 1856. Typhus.

Frette-Damicourt, médecin-major, Crimée, 10 avril 1856. Typhus.

Demanet, aide-major, Crimée, 13 avril 1856. Typhus.

Bonnet-Mazinbert, médecin-major, Crimée, 13 avril 1856. Typhus.

Leclerc, médecin-major, Crimée, 19 avril 1856. Typhus.

Pegay, médecin-major, Crimée, 19 avril 1856. Typhus.

Granal, aide-major, Crimée, 23 avril 1856. Typhus.

Lamarque, aide-major, Crimée, 28 avril 1856. Typhus.

Sautier, sous-aide, Crimée, 28 avril 1856. Typhus.

Godquin, sous-aide, Crimée, 15 mai 1856. Typhus.

Desblancs, aide-major, Crimée, 22 mai 1856. Typhus.

Barby, médecin principal, Crimée, septembre 1856. Typhus.

Ludger-Lallemand, médecin principal, Mexique, 1862. Fièvre jaune.

Michaux, aide-major, Mexique, 1862. Fièvre jaune.

Bazoche, aide-major, Mexique, 1862. Fièvre jaune.

Gueneau, aide-major, Mexique, 1863. Typhus.

Seyer, aide-major, Mexique, 1863. Typhus.

Chadourne, médecin-major, Mexique, 1863. Fièvre jaune.

Patin, aide-major, Mexique, 1863. Fièvre jaune.

Theron, aide-major, Mexique, 1863. Fièvre jaune.

Afflatet, aide-major, Mexique, 1863. Dysentérie.

Lhonneur, médecin-major, Mexique, 1864. Fièvre jaune.

Dehous, médecin-major, Mexique, 1864. Fièvre jaune.

Hoffmann, aide-major, Mexique, 1865. Dysentérie.

Fricot, aide-major, Mexique, 1867. Fièvre jaune.

Cornuty, aide-major, Mexique, 1867. Fièvre jaune.

Verjus, médecin-major, tué au Mexique le 5 mai 1862.

Mercadier, aide-major, tué au Mexique, 1866. -

Rustegho, aide-major, tué au Mexique, 1865.

Rode, médecin principal, Oran, 1860. Diphtérie.

Niker, aide-major, Toulon, 25 septembre 1865. Choléra.

Salle, aide-major, Beni-Manssour, 1867. Choléra.

Réné, aide-major, Biskra, 1867. Choléra.

Doutet, aide-major, Boghar, 1867. Choléra.

Damis, aide-major, Mascara, 1867. Choléra.

Renaud, aide-major, Lyon, 12 février 1868. Rougeole épidémique.

Wencelius, aide-major, Milianah, 10 avril 1868. Typhus.

Friant, aide-major, Mostaganem, 18 avril 1868. Typhus.

Roze, aide-major, Saïda, 8 mai 1868. Typhus.

Thomas, aide-major, Tlemcen, 9 mai 1868. Typhus.

Verette, aide-major, Mostaganem, 18 mai 1868. Typhus.

Durand, médecin principal, Mascara, 30 mai 1868. Typhus.

Janvier, aide-major, Oued-Gseur, 21 juin 1868. Typhus.

Coulet, aide-major, Tébessa, 5 juillet 1868. Typhus,

Castaing, médecin-major, Sétif, 6 août 1868. Typhus.

Joubin, aide-major, Mers-el-Kebir, 1868. Typhus.

Legendre, médecin-major, Mascara, 1868. Typhus.

Bertrand, médecin-major, Mostaganem, 1868. Typhus.

Sollier, médecin-major, Bone, 7 janvier 1869. Typhus.

Auffan, aide-major, Daya, 26 février 1869. Typhus.

Millot, médecin-major, 1re classe, tué le 6 août 1870 à Froeschviller.

Beurdy, médecin-major, tué le 16 août 1870 à Gravelotte.

Combier, médecin élève tué au siège de Strasbourg, 1870.

Bartholomo, médecin élève, tué au siège de Strasbourg, 1870.

Lacour, médecin élève, tué au siège de Strasbourg, 1870.

Coindet, médecin principal, 1re classe, tué pendant le siège de Paris, 1870.

Pasquier, médecin principal, 1re classe, tué pendant la Commune, 1871.

Beaugrand, aide-major, tué dans l'insurrection en Algérie, 1871.

Laval, médecin-major, régence de Tripoli, 27 juin 1874. Peste.

Guiard, aide-major, massacré par les Touaregs (mission Flatters), 16 février 1881.

Herveou, aide-major, Sousse, 27 décembre 1881. Fièvre typhoïde.

Leprieur, médecin-major, Sousse, 28 décembre 1881. Fièvre typhoïde.

Gourgeaux, aide-major, Sousse, 3 octobre 1882. Fièvre typhoïde.

Dumas, aide-major, Gœfsa, 21 septembre 1883. Fièvre typhoïde.

Robert, aide-major, Négrine, 17 novembre 1884. Fièvre typhoïde.

Claude, aide-major, Tonkin, 26 juillet 1884.

Raynaud, médecin-major, tué à l'ennemi, Tonkin, 24 mars 1885.

Bonnet, aide-major, Tonkin, 5 août 1885.

Lucotte, médecin-major, Tonkin, 9 août 1885.

Gérardin, aide-major, Tonkin, 9 septembre 1885.

Zuber, médecin principal, Tonkin, 3 août 1886.

Joannet, médecin-major, Tonkin, 5 novembre 1886.

Pharmaciens militaires.

Fresneau, pharmacien-major, Crimée, 1er décembre 1854. Dysentérie.

Gonthier, pharmacien aide-major, Crimée, 6 juillet 1854. Choléra.

Boussard, pharmacien aide-major, Crimée, 12 juin 1856. Typhus.

Carron, pharmacien aide-major, 2 avril 1856. Typhus.

Morin, pharmacien, Biskra, 30 juillet 1867. Choléra.

Auger, pharmacien aide-major, Tizi-Ouzou, 3 octobre 1867. Choléra.

Le Val-de-Grâce est le premier hôpital militaire de France. La juste réputation des professeurs de l'école, qui y pratiquent la chirurgie et la médecine, attire chaque année dans ses salles un grand nombre d'officiers de nos armées de terre et de mer, ainsi que de fonctionnaires de la guerre et de la marine, auxquels on a donné le droit d'y être hospitalisés. De tous les points de la France, et de nos possessions d'outre mer, arrivent au Val-de-Grâce les officiers atteints de maladies chroniques, d'affections rebelles, de lésions chirurgicales qui réclament une opération. Les services de soldats, surtout les services de chirurgie, reçoivent aussi les malades des hôpitaux de province dont l'état exige des soins particuliers ou difficiles, dont l'affection présente un intérêt marqué que l'enseignement clinique pourra utiliser avec fruit.

C'est au Val-de-Grâce que le commandement réunit des commissions spéciales, sortes de cours d'appel, lorsqu'il s'agit de trancher des questions litigieuses de pathologie, importantes pour le sujet intéressé et pour l'État, à propos d'une exemption du service militaire, d'un congé de réforme, ou d'une pension de retraite, pour infirmités. C'est encore au Val-de-Grâce que le commandement a recours pour tous les cas d'expertise délicate, expertise de tissus, de denrées quelconques, vin, farine, etc., expertise des eaux, eaux de fontaine et minérales, et surtout expertise des fonctions physiologiques des individus, fonctions visuelles et auditives. Tous les jeunes gens qui se présentent aux écoles du gouvernement, tous les conscrits et engagés volontaires dont l'aptitude visuelle est douteuse, sont examinés au Val-de-Grâce par le professeur d'ophtalmologie et d'ophtalmoscopie.

Toutes les vaccinations et revaccinations des soldats de l'armée de Paris sont pratiquées à l'école du Val-de-Grâce, où a été créé un véritable institut de vaccination animale. On y recueille et conserve aussi le vaccin que l'on envoie aux médecins militaires qui en font la demande.

Pour les gens du monde le Val-de-Grâce est, en quelque sorte, la personnification de la médecine militaire; pour nous c'est la maison respectée, berceau de la famille, à laquelle les cœurs élevés gardent un franc sentiment de reconnaissante et filiale affection; maison où l'on s'efforce d'animer l'esprit scientifique, d'exciter le goût du travail, de conserver toujours vivantes les généreuses traditions de notre corps.

BIBLIOGRAPHIE

NOTES ET PIÈCES JUSTIFICATIVES

———

Mémoires de madame de Motteville, en 4 vol. — Paris, Charpentier, 1885. — T. Ier, p. 34 et suiv., 65, 406; t. II, p. 83; t. III, p. 443; t. IV, p. 113, 146, 311, 325, 347, 357, 365 et suiv., 395, 401 et suiv., 417, 445, 452 et suiv.

LEMAIRE, *Paris ancien et nouveau*, in-16. — Paris, Michel Vaugon, 1685. — T. II, p. 305 et suiv.

SAUVAL (Henri), *Histoire et recherches des antiquités de la ville de Paris*, in-folio. — Paris, Charles Moette et Jacques Chardon, 1724. — T. I, livre IV, p. 439; t. II, livre VII, p. 66, 69, 114.

GERMAIN BRICE, *Description nouvelle de la ville de Paris*, in-16. — Paris, Julien Michel et François Fournier, 1725. — 8e édition. — T. III, p. 107 et suiv.

FELIBIEN, *Histoire de la ville de Paris*, in-folio. — Paris, Guillaume Desprez et Jean Desessartz, 1725. — T. II, p. 1337 et suiv.

PIGANIOL DE LA FORCE, *Description de Paris*, in-16. — Paris, libraires associés, 1765. — T. I, p. 105; t. V. p. 35 et suiv.

JAILLOT, *Recherches critiques, historiques... sur la ville de Paris*, in-8°. — Paris, A. Lottin, 1772. — T. IV, p. 158 et suiv.

HURTAUT ET MAGNY, *Dictionnaire historique de la ville de Paris et de ses environs*, in-8°. — Paris, Moutard, 1779. — T. I, p. 121 et suiv.

SAINT-VICTOR, *Tableau historique et pittoresque de Paris*. — Paris, in-8°, 2ᵉ édition, Carié de la Charie, 1824. — T. VI, p. 472 et suiv.

DE GAULLE, *Histoire de Paris*, in-8°. — Paris, Pourrat frères, 1839. — T. IV, p. 124.

J.-A. DULAURE, *Histoire physique et morale de Paris*. — Paris, in-8°, 7ᵉ édition, augmentée par J.-L. Belin. Bureau des publications illustrées, 1847. — T. II, p. 534 et suiv.

EDMOND TEXIER, *Tableau de Paris*. — Paris, in-4°, Paulin et Le Chevalier, 1852. — T. II, p, 250.

TOUCHARD LAFOSSE, *Histoire de Paris*. — Paris, in-8°, Dion et Lambert, 1853.

LEBEUF, *Histoire de la ville et de tout le diocèse de Paris*, édition Cocheris, in-8°. — Paris, Durand, 1863. — T. II, p. 168.

AMÉDÉE GABOURD, *Histoire de Paris depuis les temps les plus reculés jusqu'à nos jours*, in-8°. — Paris, Gaume frères et Duprey, 1865. — T. IV, p. 61.

Paris Guide, par les principaux écrivains et artistes de la France. — Paris, 1867, A. Lacroix, Verboeckhoven et Cie, in-8° petit.

RUPRICH ROBERT, *L'église et le monastère du Val-de-Grâce*, in-4°. — Paris, V. A. Morel et Cie, 1875.

Souvenirs de la fin du XVIIIᵉ siècle et du commencement du XIXᵉ ou Mémoires de R.-D.-G. (Desgenettes). — Paris, 1835, in-8°, 3 vol., Firmin-Didot (Ouvrage très rare). — T. III, p. 22 et suiv., 80-86.

GAMA, *Discours prononcé le 7 novembre 1885*. Recueil des mémoires de médecine militaire, 1836. — T. XXXIX, p. 371.

GAMA, *Esquisse historique du service de santé militaire.* — Paris, 1846, Germer-Baillière.

FOURNIER PESCAY, *Dict. de méd.* en 60 volumes. Art. *Médecine militaire*, p. 510. — Paris, 1819.

H. LARREY, *Notice sur l'hygiène des hôpitaux militaires.* — Paris, 1862.

LEGOUEST, *De la salubrité des hôpitaux militaires.* Discours prononcé à la Société de chirurgie, 1864.

Discours de Baudens (Histoire du Val-de-Grâce). Recueil des mémoires de médecine militaire, 1843. —Vol. LV, p. 524.

Notice sur le monastère du Val-de-Grâce, par M. l'abbé BERTRAND DE BEUVRON, aumônier de l'hôpital. — Paris, 3ᵉ édition, A. Josse, 1873.

J. LAIR, *Louise de La Vallière et la jeunesse de Louis XIV.* — 2ᵉ édition, E. Plon. — Paris, 1882.

1655. Bibliothèque Mazarine. — Manuscrit n° 2262. *De ce qui se passa dans le monastère du Val-de-Grâce, lorsque M. le chancelier Séguier y entra pour visiter les cabinets de la reine, en présence de Sa Majesté, et y chercher les lettres qu'elle avait reçues du cardinal infant d'Espagne, son frère.*

Même manuscrit. — *Dessein étrange et antichrétien du cardinal de Richelieu.*

1670. Bibliothèque Mazarine. — In-folio. — Paris, n° 3318 B. — *Mémoire pour Monseigneur l'évêque de Soissons contre les dames abbesse et religieuses de l'abbaye royale du Val-de-Grâce, et les R. R. P. P. prieur et religieux bénédictins de l'abbaye Saint-Corneille de Compiègne, diocèse de Soissons* (sans nom d'auteur).

8

Archives de l'hôpital du Val-de-Grâce.

1794. *Registre des malades*, commencé le 1er frimaire an III (17 novembre 1794), fini le 28 prairial an IV (17 juin 1796).

Ce registre ne porte pas de nom d'hôpital. Il a été commencé à l'hôpital du Gros-Caillou, puis porté et continué au Val-de-Grâce, après l'évacuation des malades du premier hôpital sur le second.

1795. *Registre journalier des entrants, sortants et décédés*, du 1er brumaire an IV (23 octobre 1795) au 30 thermidor an IV (18 août 1796).

1797. *Registre des décès de l'hôpital militaire du Val-de-Grâce*, du 16 ventôse an V (7 mars 1797) au 1er brumaire an XI (23 octobre 1802).

1800. *Registre des correspondances* (1) 8 messidor an VIII (27 juin 1800). Lettre demandant que les salles soient désignées par des noms de bataille, au lieu de l'être par des numéros.

Même date. — Lettres demandant que la désinfection des vêtements des malades soit opérée par la chaleur employée d'une manière convenable.

3 thermidor an VIII (22 juillet 1800).— Lettre se plaignant du gaspillage entraîné par la multiplicité des individus.

Même date. — Lettre rendant compte que le citoyen Champion habite abusivement l'hôpital depuis cinq mois.

Même date. — Lettre demandant des réparations au puits du jardin, l'eau d'Arcueil étant insuffisante.

15 thermidor an VIII (3 août 1800). — Un abonnement est proposé à l'économe; celui-ci n'y consent que très difficilement, à cause de la multiplication des employés.

(1) Toutes les lettres sans indication de personnes sont du conseil au directoire central.

Même date. — Transmission d'une lettre du citoyen Champion demandant qu'on lui conserve son logement, parce qu'une place lui est promise.

23 thermidor an VIII (11 août 1800). — Le balayeur Schmitz demande que sa place soit rendue inamovible.

27 thermidor an VIII (15 août 1800). — Lettre du conseil au citoyen Champion, l'informant que le directoire central lui conserve son logement jusqu'au 10 fructidor.

15 fructidor an VIII (2 septembre 1800). — Lettre se plaignant du désordre de la maison.

4ᵉ jour complémentaire an VIII (21 septembre 1800). — Observations sur le jardin.

7 vendémiaire an IV (29 septembre 1800). — Lettre au citoyen Champion lui enjoignant de remettre les clefs, le 15, au citoyen économe.

13 brumaire an IX (4 novembre 1800). — Mᵐᵉ Desgenettes, dont le mari est en Égypte, a conservé, sans en avoir le droit, son appartement au Val-de-Grâce.

13 frimaire an IX (4 décembre 1800). — Arrêté des consuls : les fonctions de directeur central et des conseils d'administration des hôpitaux militaires sont purement civiles. Lettre accusant réception de cet arrêté.

29 vendémiaire an X (21 octobre 1801). — Réclamation de la maîtresse lingère, Mᵐᵉ Vendôme, au sujet de certaines ouvrières qui ne travaillent qu'autant que bon leur semble.

27 brumaire an X (18 novembre 1801). — La maison de la rue d'Enfer (hôtel de Saluces) est occupée abusivement par bon nombre d'officiers de santé.

1ᵉʳ pluviôse an X (21 janvier 1802). — Accusé de réception de l'arrêté des consuls, du 23 nivôse, portant que l'hôpital de Saint-Denis sera évacué sur le Val-de-Grâce.

3 pluviôse an X (23 janvier 1802. — Lettre annonçant

qu'on s'occupe des préparatifs pour la réception des malades de Saint-Denis.

4 pluviôse an X (24 janvier 1802). — Lettre appuyant les termes de la lettre précédente.

5 pluviôse an X (25 janvier 1802). — Lettre annonçant que le Val-de-Grâce est prêt à recevoir mille malades.

12 pluviôse an X (1er février 1802). — Lettre invitant le directoire central à ordonner le versement des effets destinés aux deux espèces de maladies qui seront désormais traitées au Val-de-Grâce. Plusieurs galeux et consorts ont déjà été reçus à l'hôpital.

17 pluviôse an X (6 février 1802). — Lettres non officielles aux citoyens Gau, directeur des fonds, et Dubreton, commissaire-ordonnateur. La réunion de l'hôpital de Saint-Denis à celui du Val-de-Grâce est suspendue — plaintes à ce sujet.

3 ventôse an X (26 février 1802). — Les galeux et autres reçus au Val-de-Grâce sont évacués sur l'hôpital Saint-Denis.

23 ventôse an X (14 mars 1802). — Lettre accusant réception de l'arrêté des consuls du 13 ventôse, rapportant celui du 23 nivôse dernier.

28 prairial an X (19 juin 1802). — Lettre transmettant la pétition des malades demandant l'exercice du culte dans l'église du Val-de-Grâce.

18 janvier 1808. — Lettre du commissaire-ordonnateur au commissaire des guerres. — L'hôpital du Gros-Caillou se trouvant encombré, les blessés et fiévreux de la garde impériale seront admis au Val-de-Grâce.

12 janvier 1808. — Lettre du commissaire-ordonnateur au commissaire des guerres Fradiel. — Les chevaux-polonais et fusiliers de la garde seront traités aux hôpitaux militaires du Val-de-Grâce et de Saint-Denis.

Archives du ministère de la guerre. — Un seul registre,

grand in-folio; état des officiers de santé de l'armée de terre, 1793 à 1797.

Archives nationales. — Liasse S. 4550. — Titres de propriété de maisons sises au faubourg Saint-Jacques, et d'un terrain de 334 toises, compris dans l'enclos du monastère.

Liasse S. 4553. — Baux des appartements situés dans le couvent.

Liasse S. 4554. – Titres de propriété de maisons sises rue du Faubourg-Saint-Jacques.

Liasse F. 15. 395. — Compte rendu par les citoyens Desoteux, Bayen et Coste, commissaires pour la visite au Val-de-Grâce, 11 mai 1793.

Liasse F. 13. 395. — Description des bâtiments, jardins et dépendances composant la ci-devant abbaye du Val-de-Grâce, disposée à l'usage d'un hôpital.—Rousselle, architecte, 20 messidor an III (9 juillet 1795).

Liasse F, 13. 736. — Lettre du général Dejean au ministre de la guerre. La maison des Carmélites devenant caserne de cavalerie, il est indispensable de transporter dans un autre local le magasin qui y est établi. 5 vendémiaire an XII (27 septembre 1803).

Même liasse. — Lettre du général Dejean demandant à utiliser, comme magasin, les bas côtés de l'église. 27 pluviôse an XII (16 février 1804).

Même liasse. — Lettre du ministre de l'intérieur qui consent à ce que les bas côtés de l'église servent de magasin. 2 ventôse an XII (21 février 1804).

Même liasse. — Lettre du ministre de l'intérieur répondant à la guerre que la grille sur la rue Saint-Jacques est une dépendance de l'hôpital. 27 pluviôse an XIII (16 février 1805).

Même liasse. — Lettre du général Dejean qui demande des réparations pour l'église servant de magasin. 21 fructidor, an XIII (13 sept. 1805).

Même liasse. — Rapports du général Dejean sur les réparations urgentes à faire au dôme qui a été dégradé par l'ouragan du 2 déc. 1806. 24 janvier et 7 mars 1807.

Même liasse. — Long rapport du ministre de la guerre demandant l'ajournement de l'exécution du décret impérial du 6 janvier 1807, qui ordonne le percement de la rue d'Ulm et son prolongement à travers le jardin du Val-de-Grâce. 8 juin 1808.

Même liasse. — Lettre du commissaire-ordonnateur se plaignant du mauvais état des fenêtres du dôme. 3 janvier 1809.

Même liasse. — Note du ministre de l'intérieur. Avant 1808 l'église était entretenue sur les fonds des bâtiments civils. 10 janvier 1809.

Même liasse. — Le comte Dejean réclame la lettre de l'empereur du 12 mars 1808, qui fait passer l'église du Val-de-Grâce au département de la guerre. 20 février 1809.

Même liasse. — Rapport du ministre de l'intérieur établissant que dans le principe l'église a été placée dans les attributions du ministre de l'intérieur, comme *monument conservé sous le rapport de l'art*, et qu'elle a été remise à la guerre le 27 avril 1809. 10 décembre 1809.

Même liasse. — Lettre du ministre des cultes demandant que l'autel de l'église du Val-de-Grâce soit transporté dans l'église des Invalides. Décembre 1809.

Moniteur et Journal militaire.

Loi du 19 septembre 1792. — L'Assemblée nationale, après avoir décrété l'urgence, décrète ce qui suit : 1° Les veuves et orphelines des défenseurs de la patrie tués à la guerre seront de préférence employées pour le service des infirmeries invalides et des hospices militaires.

Décret du 2 janvier 1793. — La Convention nationale,

sur la proposition d'un de ses membres, décrète que la seconde année de la République datera du 1er janvier 1793. (Ce décret n'a pas reçu son exécution, sauf pendant quelques mois.)

Décret du 31 juillet 1793. — La Convention nationale, ouï son comité d'aliénation, autorise le ministre de la guerre à faire servir la maison nationale du Val-de-Grâce à un hôpital militaire, et charge la régie nationale de faire préalablement constater l'état des lieux contradictoirement avec les agents du ministre.

Décret du 7 août 1793, sur le service de santé des armées et des hôpitaux militaires.

Titre Ier. — § 1. — Art. 1er. — Les hôpitaux spécialement consacrés au traitement des troupes de la République, porteront le nom d'*hôpitaux militaires*.

Art. 2. — Ils seront divisés en hôpitaux d'instruction, en hôpitaux fixes.

§ 2. — Art. 1er. — Il sera formé dans les hôpitaux de Lille, Metz, Strasbourg et Toulon, des cours de science et de pratique, sous la direction du Conseil de santé central.

Art. 2. — Ces hôpitaux serviront à la fois d'hospices pour les malades, d'écoles pour les officiers de santé, de magasins et de dépôts de fournitures et effets d'hôpitaux pour les armées.

Décret du 19 août 1793, qui suspend l'exécution du décret du 7 du présent mois, relatif à l'organisation des hôpitaux militaires. La Convention nationale suspend l'exécution du décret du 7 du courant, relatif à l'organisation des hôpitaux militaires, et le renvoie au Comité de la guerre, pour en proposer une nouvelle rédaction.

Décret du 28 nivôse an II (19 janvier 1794). — La Convention décrète que les linges des églises supprimées seront mis à la disposition des hôpitaux militaires.

Loi du 3 ventôse an II (22 février 1794) relative au service de santé des armées et des hôpitaux militaires.

Titre II. — Sect. 2. — Art. 1er. — Des cours d'instruction seront établis dans les hôpitaux dont la position paraîtra convenable, d'après l'avis motivé de la commission de santé, et les ordres du conseil exécutif provisoire.

Décret du 7 ventôse an II (26 février 1794). — La Convention décrète que le Val-de-Grâce formera un hospice pour les femmes en couches et les enfants abandonnés.

Décret du 10 vendémiaire an IV (2 oct. 1795). — La Convention nationale décrète que la maison dite du Val-de-Grâce servira d'hôpital militaire pour la légion de police. L'établissement de santé déjà commencé au Val-de-Grâce sera transporté à la maison de la Bourbe, et à l'ancien substitut de l'Oratoire ; charge le Comité de salut public de l'exécution du présent.

Loi du 17 vendémiaire an IV (6 oct. 1795) relative à l'hôpital militaire établi au Gros-Caillou.

La Convention nationale décrète :

Art. 1er. — Deux membres du comité des secours publics surveilleront le service de l'hôpital militaire établi au Gros-Caillou.

Art. 2. — Il y aura chaque jour à cet hôpital un membre du conseil de santé pour faire le service.

Art. 3. — Le commissaire-ordonnateur des guerres de la division est tenu de s'y rendre également chaque jour.

Art. 4. — ... fournitures et médicaments...

Art. 5. — Tous les trois jours, le comité des secours publics rendra compte à la Convention nationale de l'état de santé des braves défenseurs de la patrie, qui ont été blessés en combattant et terrassant le royalisme sous ses murs.

Art. 6. — Le comité des secours est chargé de prendre des informations sur les plaintes portées contre les administrateurs et employés à l'hôpital du Gros-Caillou, pour les faire punir conformément aux lois.

Règlement du 5 vendémiaire an V (27 sept. 1796) concernant l'enseignement de l'art de guérir dans les hôpitaux militaires. Le ministre de la guerre désirant mettre promptement en activité les cours établis dans les grands hôpitaux militaires permanents par la loi du 3 ventôse an II, par le règlement du 26 prairial an IV..... il sera fait des cours d'instruction sur les diverses parties de l'art de guérir, dans les hôpitaux militaires permanents de Lille, Metz, Strasbourg, Toulon et Paris.

Décret du 8 vendémiaire an VII (30 septembre 1798). — Le ministre de la guerre met les hôpitaux militaires en régie intéressée.

Arrêté des consuls du 13 frimaire an IX (4 déc. 1800). — Les fonctions de directeur central, et des conseils d'administration des hôpitaux militaires sont purement civiles.

Arrêté des consuls du 9 frimaire an XII (3 novembre 1803). — Les hôpitaux militaires d'instruction sont supprimés.

Circulaire du général Dejean, du 3 frimaire an XIII (24 nov. 1804). — L'intention du gouvernement est que l'on s'occupe dans tous les hôpitaux militaires de l'empire, de l'instruction des élèves qui y sont employés. Je désire surtout que l'on profite de la saison actuelle pour les dissections, et pour former les jeunes chirurgiens au manuel des grandes opérations.

Décret impérial du 10 avril 1806. — Les conseils d'administration des hôpitaux militaires sont supprimés. Les conseils seront remplacés par un seul fonctionnaire chargé, sous la dénomination d'inspecteur, de la surveillance du service administratif, et par un économe comptable, qui sera tenu de fournir un cautionnement en immeubles.

Ordonnance royale du 30 décembre 1814. — Les quatre hôpitaux militaires du Val-de-Grâce, à Paris, de Lille, Metz et Strasbourg sont érigés en hôpitaux d'instruction.

Arrêté du Ministre de la guerre, du 17 avril 1816, fixant le mode d'enseignement dans les hôpitaux militaires d'instruction établis par l'ordonnance royale du 30 décembre 1814.

Ordonnance royale du 12 août 1836, relative à l'organisation

du corps d'officiers de santé militaires. Titre III. Trois hôpitaux militaires d'instruction sont établis dans les villes de
Strasbourg, Metz et Lille, et un hôpital de perfectionnement
à Paris.

Décret du 3 mai 1848, portant réorganisation du service
de santé de l'armée. Art. 1er. Les officiers de santé de l'armée
de terre forment un corps distinct sous le titre de corps des
officiers de santé militaires, le corps fonctionne par l'action
de ses chefs directs.

Décret du 23 avril 1850, supprimant les hôpitaux militaires
d'instruction. Art. 1er. L'hôpital de perfectionnement du
Val-de-Grâce, et les hôpitaux d'instruction de Lille, de Metz,
de Strasbourg, cesseront de fonctionner comme établissements
d'instruction à dater du 1er mai 1850.

Décret du 9 août 1850, instituant une école d'application
de la médecine militaire. Art. 1er. Les docteurs en médecine
admis à servir dans l'armée feront un stage d'une année à
l'hôpital du Val-de-Grâce, qui devient école d'application de
la médecine militaire.

Décret (organique), du 23 mars 1852, relatif à l'organisation du corps de santé de l'armée de terre. — IVe section.
§ 7. Il est institué une école dans laquelle sont réunis les
élèves des facultés qui se destinent au corps de santé de
l'armée de terre.

Décret du 13 novembre 1852, portant organisation de
l'école spéciale de médecine et pharmacie militaires au
Val-de-Grâce.

Loi du 16 mars 1882, sur l'administration de l'armée.
Articles 16 et 37.

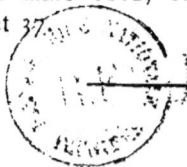

TABLE

———

Hopital du Val-de-Grace

Paris. — Imprimerie G. Rougier et Cie, rue Cassette, 1.

FRONTISPICE DE L'EGLISE DU VAL DE GRACE.

Michelinot del.   et Sculp.

PORTAIL DU VAL-DE-GRACE

XVIII

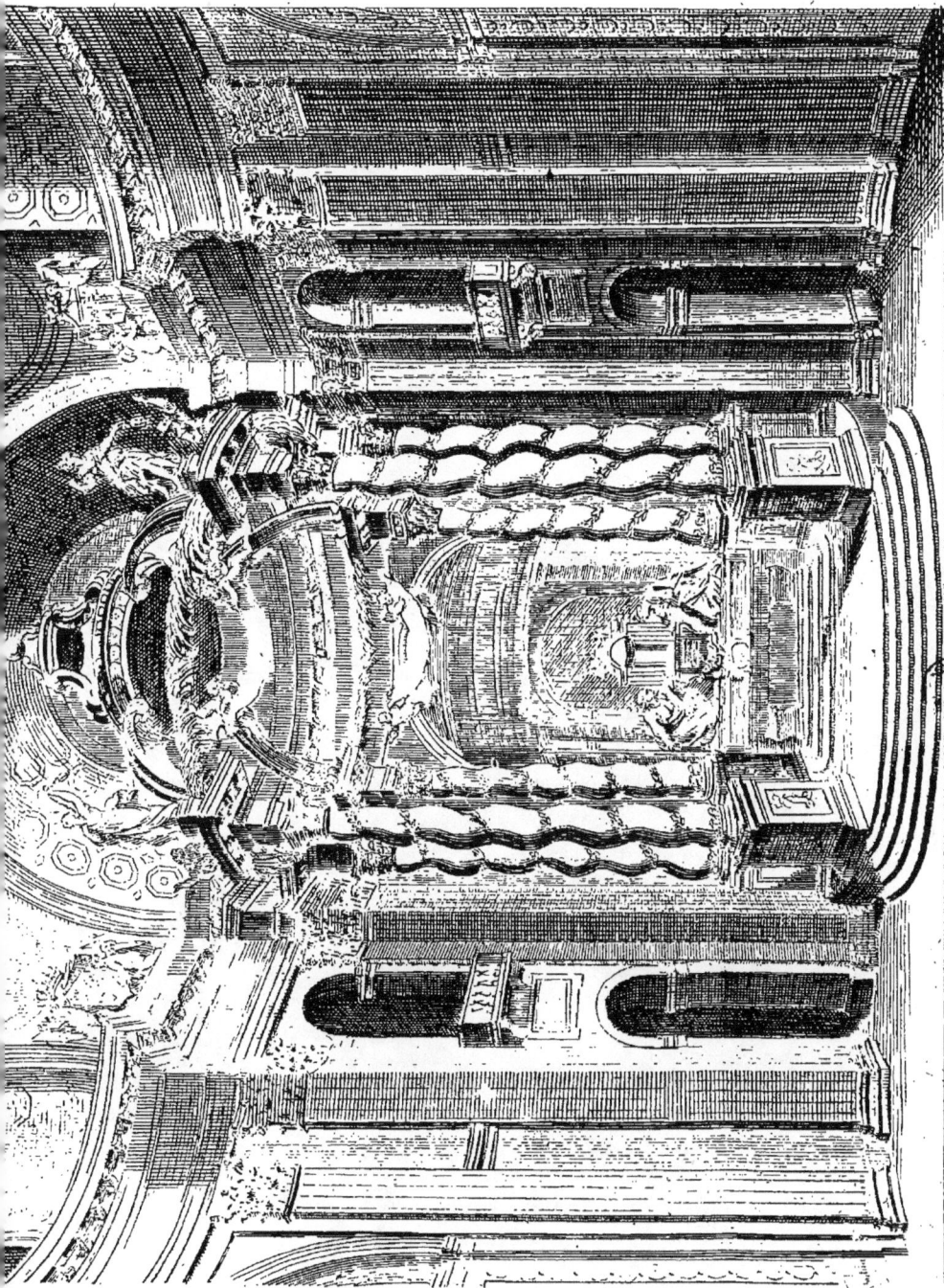

GRAND AUTEL DU VAL DE GRACE.

d. Lucas Sculp.

L'ABBAYE ROYALLE DU VAL DE GRACE.

Chauffourier del.   hrelicat Sculp.

L'ABBAYE ROYALE DU VAL DE GRACE.

Vol. 2. — Baldaquin de l'église du Val-de-Grâce.

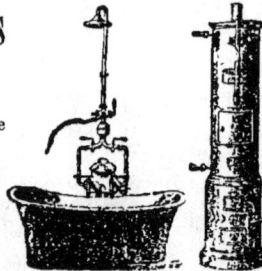

Le Val de Grace

*Le Val de Grace, Couvent Royal que
la Reine Anne d'Autriche a fait bâtir
par le Sieur le Duc Architecte.*

Val de grace

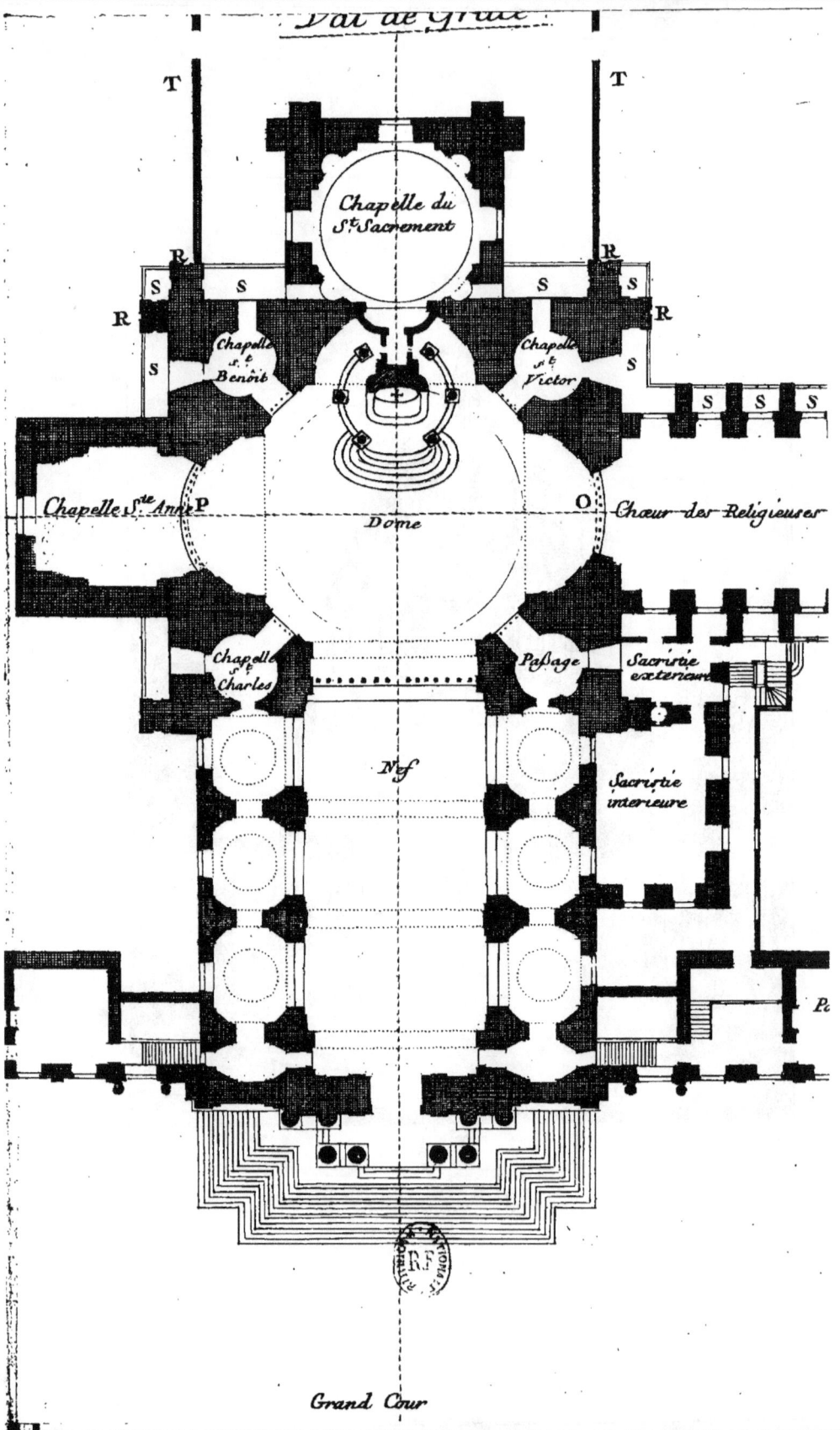

Val de Grâce

T   T

Chapelle du
St Sacrement

R   R

S   S   S   S

R   R

Chapelle
St Benôit

Chapelle
St Victor

S   S

S   S   S   S

Chapelle Ste Anne   P   O   Chœur des Religieuses

Dome

Chapelle
St Charles

Passage

Sacristie
exterieure

Sacristie
interieure

Nef

P.

RF

Grand Cour

Pl. LXXXXII.

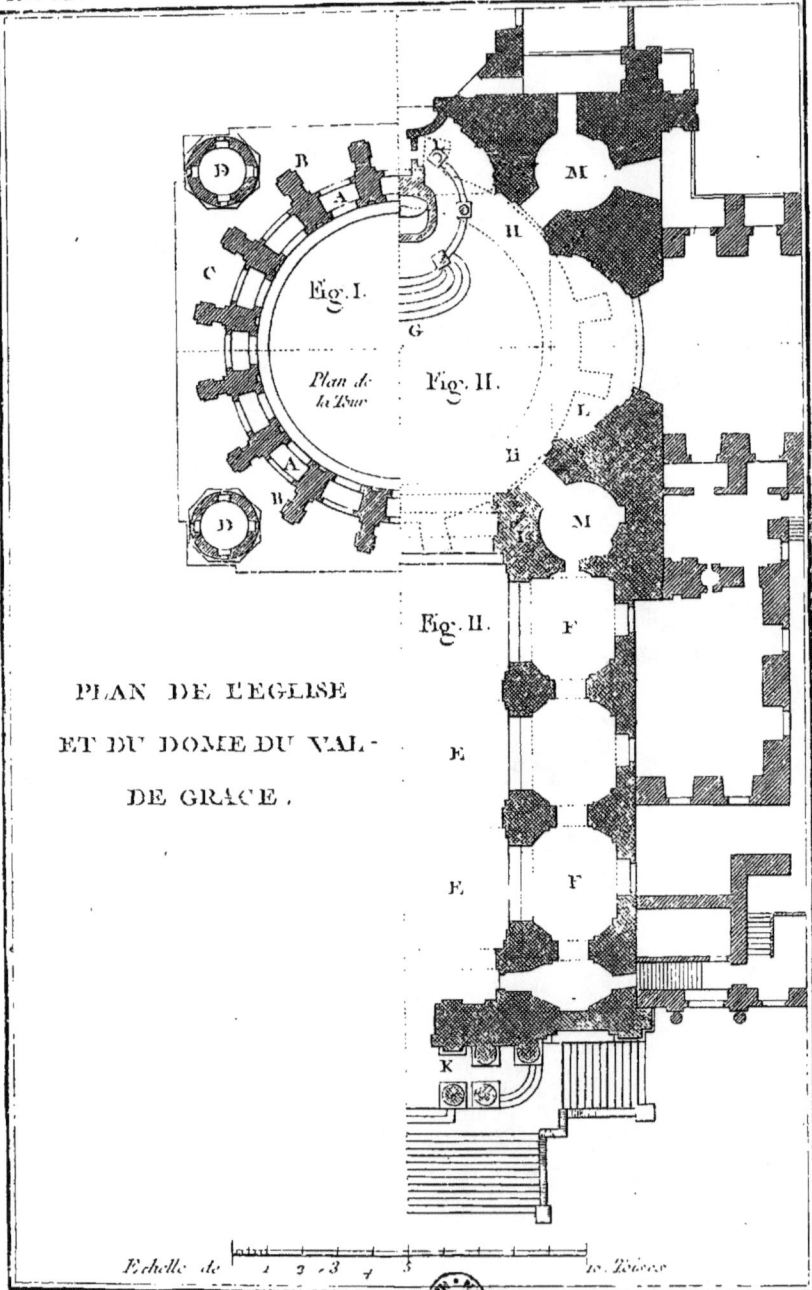

B

D

A

C

Fig. I.

M

H

Plan de
la Tour

G

Fig. II.

L

A

D

B

M

Fig. II.

F

PLAN DE L'EGLISE
ET DU DOME DU VAL-
DE GRACE.

E

F

F

K

www.ingramcontent.com/pod-product-compliance
Lightning Source LLC
Chambersburg PA
CBHW072118090426
42739CB00012B/3005